VISÃO JURÍDICA DA ÁGUA

V656v   Viegas, Eduardo Coral
         Visão jurídica da água / Eduardo Coral Viegas. – Porto Alegre:
    Livraria do Advogado Ed., 2005.
         150 p.; 16 x 23 cm.
         ISBN 85-7348-339-3

         1. Direito das águas. 2. Meio ambiente. 3. Água. I. Título.

                                            CDU - 347.247

         Índices para o catálogo sistemático:
    Água
    Direito das águas
    Meio ambiente

    (Bibliotecária responsável: Marta Roberto, CRB-10/652)

Eduardo Coral Viegas

VISÃO JURÍDICA DA ÁGUA

livraria
DO ADVOGADO
editora

Porto Alegre 2005

© Eduardo Coral Viegas, 2005

Capa, projeto gráfico e diagramação de
Livraria do Advogado Editora

Revisão de
Rosane Marques Borba

Direitos desta edição reservados por
Livraria do Advogado Editora Ltda.
Rua Riachuelo, 1338
90010-273 Porto Alegre RS
Fone/fax: 0800-51-7522
livraria@doadvogado.com.br
www.doadvogado.com.br

Impresso no Brasil / Printed in Brazil

Agradecimentos

A Deus, pela vida;

a meus pais, Abelardo e Bernadete, pelas fundamentais lições iniciais e apoio permanente;

a Fabrícia e Fabiana, pelo amor e carinho diários;

à Prof. Giana Sartori, pelo estímulo acadêmico;

aos Colegas Fábio Medina Osório e Sílvia Cappelli, pela colaboração dispensada neste projeto; e aos mestres que encontrei ao longo de minha trajetória.

A água é uma necessidade primária, portanto, direito e patrimônio de todos os seres vivos, não apenas da humanidade. A água é, por excelência, um bem de destinação universal. A primazia da vida se estabelece sobre todos os outros possíveis usos da água. Nenhum outro uso da água, nenhum interesse de ordem política, de mercado ou de poder, pode se sobrepor às leis básicas da vida.

CONFERÊNCIA NACIONAL DOS BISPOS DO BRASIL. *Fraternidade e água*: CF-2002. São Paulo: Salisiana, 2003, p. 53.

Prefácio

O Dr. Eduardo Coral Viegas integra a elite intelectual da nova geração do Ministério Público do Estado do Rio Grande do Sul. Eu o conheci ainda quando atuava em Torres, sua Promotoria de entrância inicial, onde trabalhava também a matéria ambiental e, desde então, já era possível verificar sua preocupação em desempenhar as funções com denodo e respeito à técnica jurídica.

Agora o Dr. Eduardo nos brinda com esta obra, intitulada *Visão Jurídica da Água*, onde aborda o regime jurídico das águas doces brasileiras. O livro divide-se em duas grandes partes: na primeira, o autor discute os aspectos socioambientais relacionados à utilização da água doce, especialmente sob o prisma das conseqüências de seu consumo, chamando a atenção do leitor para o princípio do usuário-pagador, a mercantilização desse recurso natural e a privatização de seus serviços de distribuição; na segunda, aborda com profundidade o regime jurídico da propriedade das águas doces pós-Constituição Federal de 1988 e os reflexos obrigacionais do câmbio legislativo depois da Carta Magna. Na seqüência, o autor enfrenta outro tema candente – a competência material e legislativa sobre águas, terminando pela abordagem dos papéis do Ministério Público e do Judiciário na solução de conflitos envolvendo o recurso ambiental.

Chamo a atenção dos leitores para a abordagem inédita que o autor confere à propriedade da água pós-Constituição Federal e a aparente antinomia entre o novo Código Civil e aquela. Utilizando-se dos critérios de hermenêutica e atento às inovações introduzidas pela Constituição Federal, o autor dá aqui uma importante contribuição ao direito brasileiro, enfrentando o tema de forma precursora.

Por último, destaco outro importante aspecto da obra, referente às limitações para a utilização da água subterrânea. Essa matéria, ainda pouco explorada pela doutrina nacional, é especialmente cara ao Estado do Rio Grande do Sul, porquanto a Lei Estadual n° 6.503/72, em seu art. 18, obriga a ligação de toda construção habitável à rede pública de abastecimento de água e aos coletores públicos de esgoto. Seu Decreto Regulamentador n° 23.430/74 só admite poços cavados, onde haja rede pública de abastecimento de água, para fins industriais e para uso em floricultura ou agricultora. A matéria tem sido alvo de constante discussão pretoriana, tendo o Ministério Público gaúcho criado um grupo de trabalho para discutir o problema e apontar soluções para atuação harmoniosa de seus membros.

Sem dúvida, dos recursos naturais, o mais disputado é a água, pelo seu valor atual e sua essencialidade à vida e à saúde, como também pelo seu potencial econômico, como para a exploração para fins energéticos ou estratégicos, como a água subterrânea.

A água tem sido alvo ao longo dos últimos anos no Brasil de significativa degradação, especialmente se consideramos a história de parcos investimentos públicos em saneamento, medidos no Relatório de Indicadores de Sustentabilidade Ambiental do IBGE e refletidos no ressurgimento de doenças associadas à sua deficiência ou ausência.

De outro lado, o recente colapso energético que resultou na denominada Medida Provisória do "Apagão" e em modificações no licenciamento ambiental são significativas ao apontar a necessidade de planejamento no setor energético e de sua integração à área ambiental. Não é mais admissível que o licenciamento ambiental siga dissociado de todo o processo de formulação das políticas públicas do setor, sendo visto pela maioria da população como o responsável pelo entrave ao desenvolvimento econômico. Ademais, os recursos hídricos não servem apenas à exploração econômica e seu barramento gera reflexos econômicos e ambientais a outras atividades, vislumbrando-se a inadequação do modelo licenciamento unitário *versus* impacto em toda a bacia hidrográfica.

Por fim, a Lei Nacional de Recursos Hídricos, ao introduzir a gestão por bacia hidrográfica, alcançando aos Comitês de Bacia esfera de decisão inédita é um grande desafio ao próprio modelo de gestão, até hoje associado ao ente político da federação a quem cabe o licenciamento ambiental. A Nova Lei reforça a reflexão sobre a necessidade de ver as associações entre os ecossistemas e o sinergismo entre fatores degradantes, impondo uma visão ambiental que leve em conta a qualidade ambiental, a possibilidade de absorção das cargas poluidoras e, não somente, os padrões de emissão.

A obra do Dr. Eduardo Coral Viegas, de forma inteligente e inovadora, contribui significativamente ao debate sobre a necessidade de atualizarem-se consagrados institutos jurídicos, como a propriedade, a uma nova visão que privilegie o interesse difuso/coletivo sobre o individual/privado, sob pena de esgotarem-se recursos ambientais tão relevantes à sobrevivência digna do homem, como a água.

Porto Alegre, setembro de 2004.

Sílvia Cappelli
Procuradora de Justiça e
Professora de Direito Ambiental

Sumário

Apresentação – *Paulo de Tarso Vieira Sanseverino* 15
Introdução 17
1. Aspectos socioambientais 23
   1.1. Importância da água 23
   1.2. Crise da água 26
      1.2.1. Causas da crise da água 26
         1.2.1.1. Poluição ambiental 27
            1.2.1.1.1. Efeito estufa 29
            1.2.1.1.2. Desbaratamento da cobertura vegetal 30
         1.2.1.2. Aumento da população mundial 32
         1.2.1.3. Desperdício 33
         1.2.1.4. Considerações adicionais sobre as causas da crise da água ... 34
      1.2.2. Conseqüências da crise da água 35
         1.2.2.1. Guerra pela água 35
         1.2.2.2. Fonte de doenças e morte 37
         1.2.2.3. Encarecimento dos recursos hídricos 38
         1.2.2.4. Limitação na produção de alimento 40
      1.2.3. Como enfrentar a crise da água 41
         1.2.3.1. Política mundial e nacional da água 42
         1.2.3.2. Aplicação efetiva da legislação que protege o meio ambiente e os recursos hídricos mais especificamente 44
         1.2.3.3. Investimento em saneamento básico 47
         1.2.3.4. Redução da poluição ambiental e recomposição das áreas atingidas 50
         1.2.3.5. Envolvimento comunitário na adoção de medidas de preservação e proteção da água 53
         1.2.3.6. Pagamento pela água como forma de reduzir o seu consumo .. 55
   1.3. Brasil: um país rico em água doce 56
   1.4. Mercantilização da água e privatização dos serviços de distribuição dos recursos hídricos 58
   1.5. Água subterrânea 65

2. Aspectos jurídicos 73
  2.1. Publicização da propriedade da água 73
    2.1.1. A propriedade privada da água no Código Civil de 1916 73
    2.1.2. O advento do Código de Águas 76
    2.1.3. A Constituição Federal e o regime das águas 77
    2.1.4. A Lei da Política Nacional de Recursos Hídricos 79
    2.1.5. A abordagem do tema pelo Código Civil de 2002 80
    2.1.6. Enquadramento jurídico da água como bem de uso comum 88
  2.2. Importantes reflexos da dominialidade pública da água 91
    2.2.1. Possui direito a indenização o antigo proprietário da água? 91
    2.2.2 Direito de outorga 96
    2.2.3. Cobrança pelo uso da água 105
  2.3. Competência material e legislativa sobre águas 109
  2.4. Obrigatoriedade do consumo humano da água fornecida pelo sistema de abastecimento público 116
  2.5. Os papéis do Ministério Público e do Judiciário na solução dos conflitos envolvendo a água 124
    2.5.1. Ministério Público e a água 124
    2.5.2. Poder Judiciário e a solução dos conflitos em torno da água ... 126

Conclusão 131

Referências bibliográficas 135

Anexo – Lei nº 9.433, de 8 de janeiro de 1997 141

Apresentação

Conheci o então estudante de Direito Eduardo Coral Viegas há cerca de dez anos, quando atuou como meu Secretário na Quarta Vara da Fazenda Pública de Porto Alegre.

Com extraordinária capacidade de trabalho e grande dinamismo, mantinha sempre o espírito aguçado e interessado nas novidades da área jurídica, procurando manter-se permanentemente atualizado.

Após sua formatura na Faculdade de Direito da Universidade Federal do Rio Grande do Sul, dedicou-se à preparação para o concurso de ingresso no Ministério Público estadual, obtendo brilhante aprovação e tomando posse no cargo de Promotor de Justiça no final de 1998.

Designado para uma das Promotorias de Justiça da Comarca de Torres, em função das peculiaridades locais, passou a interessar-se pelo direito ambiental, realizando trabalho destacado nessa área.

Mais tarde, promovido para uma das Promotorias da Comarca de Erechim, ao realizar Curso de Especialização em Direito, buscou sistematizar e aprofundar, no plano teórico, os seus estudos na área ambiental, desenvolvendo sua pesquisa em torno da importante questão relativa à proteção jurídica dos recursos hídricos. O resultado dessa pesquisa é a presente obra, que fala por si mesma.

O seu gosto pela pesquisa jurídica fez com que passasse a lecionar a disciplina de Direito Constitucional na Faculdade de Direito de Erechim da Fundação Regional Integrada, atuando como Professor dessa instituição até sua recente transferência para a Cidade de Bento Gonçalves.

Eduardo Coral Viegas é um dos novos talentos jurídicos, que tem a rara capacidade de conciliar a teoria jurídica com sua prática, aproveitando sua experiência profissional como Promotor de Justiça para aprofundar a pesquisa jurídica e sistematizá-la.

A presente obra, que se soma aos artigos publicados em revistas jurídicas, é uma demonstração desses predicados, representando apenas o alvorecer de uma nova etapa na sua exitosa carreira profissional.

Porto Alegre, setembro de 2004.

Paulo de Tarso Vieira Sanseverino
Desembargador do Tribunal de Justiça do Rio Grande do Sul

Introdução

A partir do último século, o mundo vem enfrentando uma série de transformações importantes e, ao mesmo tempo, desafiadoras da permanência da vida na Terra. Como bem adverte Vladimir Passos de Freitas, "O planeta terra corre perigo".[1]

No conjunto das relevantes mudanças vividas recentemente, destacam-se em importância aquelas relacionadas às alterações ambientais, que vêm acarretando uma série de conseqüências no cotidiano dos seres vivos, como, por exemplo, o aquecimento global.[2]

Dentre os recursos ambientais, a água[3] é um dos que mais têm sido alvo de preocupação por parte das comunidades internacional e brasileira, por ser atingida freqüentemente em sua qualidade e quantidade.

---

[1] FREITAS, Vladimir Passos de (Org.). *Águas*: aspectos jurídicos e ambientais. 2.ed. Curitiba: Juruá, 2003, p. 17.

[2] "O efeito mais terrificante por suas implicações no cotidiano das pessoas talvez seja o aquecimento global. A década de 90 foi a mais quente desde que se fizeram as primeiras medições, no fim do século XIX. Uma conseqüência notável foram o derretimento de geleiras nos pólos e o aumento de 10 centímetros no nível do mar em um século. A Terra sempre passou por ciclos naturais de aquecimento e resfriamento, da mesma forma que períodos de intensa atividade geológica lançaram à superfície quantidades colossais de gases que formavam de tempos em tempos uma espécie de bolha gasosa sobre o planeta, criando um efeito estufa natural. Ocorre que agora a atividade industrial está afetando de forma pouco natural o clima terrestre. No ano passado (referindo-se a 2001 – grifo nosso), cientistas de 99 países se reuniram em Xangai, na China, e concluíram que o fator humano no aquecimento é determinante. Desde 1750, nos primórdios da Revolução Industrial, a concentração atmosférica de carbono – o gás que impede que o calor do Sol se dissipe nas camadas mais altas da atmosfera e se perca no espaço – aumentou 31%, e mais da metade desse crescimento ocorreu de cinqüenta anos para cá. Amostras retiradas das geleiras da Antártica revelam que as concentrações atuais de carbono são as mais altas dos últimos 420 000 anos e, provavelmente, dos últimos 20 milhões de anos" (TEICH, Daniel Hessel. A Terra pede Socorro. *VEJA*, São Paulo, a. 35, n. 33, p. 80-87, 21 ago. 2002, p. 84-85).

[3] A água é um recurso ambiental, consoante estabelece o art. 3º, V, da Lei Federal nº 6.938/81, que dispõe o seguinte: "recursos ambientais: a atmosfera, as águas interiores, superficiais e subterrâneas, os estuários, o mar territorial, o solo, o subsolo, os elementos da biosfera, a fauna e a flora".

Não foi sem razão que a Organização das Nações Unidas (ONU) instituiu o ano de 2003 como o ano internacional das águas,[4] e que a Conferência Nacional dos Bispos do Brasil (CNBB) estabeleceu a água como tema da Campanha da Fraternidade de 2004.[5]

Tradicionalmente, os recursos hídricos[6] foram considerados renováveis,[7] ao contrário do petróleo. Essa idéia acabou postergando uma

---

[4] Após tratar da escassez da água, Fabiana Paschoal de Freitas elucida: "Tal quadro levou a Organização das Nações Unidas (ONU) a dispensar uma maior atenção à questão da água, tendo elegido simbolicamente o ano de 2003 como o Ano Internacional da Água Doce" (FREITAS, Fabiana Paschoal de. Águas Subterrâneas Transfronteiriças: o aqüifero Guarani e o projeto do GEF/Banco Mundial. In: CONGRESSO INTERNACIONAL DE DIREITO AMBIENTAL, 7., 2003, São Paulo. *Direito, Água e Vida.* São Paulo: Imprensa Oficial, 2003, v. 2, p. 159-171, p. 159).

[5] O Jornal Correio do Povo, do Rio Grande do Sul, em seu editorial "Água e fraternidade", publicado no dia 26 de fevereiro de 2004, destaca: "Água é o tema da Campanha da Fraternidade deste ano da Conferência Nacional dos Bispos do Brasil. Pela segunda vez em 40 anos, a CNBB escolhe um tema relacionado com a preservação do meio ambiente. Em 1979, o lema foi 'Preserve o que é de todos'. Normalmente os temas são mais ligados a questões sociais ou da pessoa, mas, desta feita, os bispos entenderam como pertinente tratar da água, por ser grande assunto deste novo milênio, como acentuou, no lançamento da campanha, dom Geraldo Majella Agnelo, cardeal arcebispo de Salvador, que preside a CNBB" (ÁGUA e fraternidade. *Correio do Povo*, Porto Alegre, p. 4, 26 fev. 2004).

[6] No presente trabalho, serão utilizados como sinônimos os termos *água* (ou *águas*) e *recurso hídrico* (ou *recursos hídricos*), pois não encontramos diferenciação científica relevante, apesar de parte da doutrina apontar distinção entre eles. Nesse sentido, Juliana Santilli destaca o seguinte: "Antes de mais nada, cabe indagar: existe distinção entre os termos *recursos hídricos* e *águas?* Para alguns especialistas, o termo *recursos hídricos* deve ser empregado apenas quando se tratar de questões atinentes ao uso, adotando-se a segunda denominação quando, ao se tratar das *águas* em geral, forem incluídas aquelas que não devem ser usadas por questões ambientais. Ou seja, sempre que a proteção ambiental das *águas* for considerada, o termo *águas* deve ser substituído por *recursos hídricos*" (SANTILLI, Juliana. Política Nacional de Recursos Hídricos: princípios fundamentais. *In:* CONGRESSO INTERNACIONAL DE DIREITO AMBIENTAL, 7, 2003, São Paulo. *Direito, Água e Vida.* São Paulo: Imprensa Oficial, 2003, v. 1, p. 647-662, p. 647). À luz do que dispõem o Código de Águas e a Lei nº 9.433/97, que não distinguem as expressões, comungamos do entendimento de Maria Luiza Granziera: "A Lei nº 9.433/97 não distingue o termo 'água' da expressão 'recursos hídricos'. Se estabelece, no art. 1º, os fundamentos da 'Política de Recursos Hídricos', dispõe que a 'água' é um bem de domínio público. Fala em uso prioritário e gestão dos 'recursos hídricos', mas menciona que a 'água' é um recurso natural limitado, dotado de valor econômico. O objeto da Lei de Águas é a água contida nos corpos hídricos, passíveis de várias utilizações. Utilizo ambas as terminologias – águas e recursos hídricos –, no singular e no plural, considerando apenas o objeto de interesse são as águas doces, contidas nos corpos hídricos, à luz do direito administrativo brasileiro, de acordo com a delimitação do tema, efetuada na Introdução" (GRANZIERA, Maria Luiza Machado. *Direito de Águas*: disciplina jurídica das águas doces. São Paulo: Atlas, 2001, p. 30).

[7] Fernando Quadros da Silva esclarece que "Nossa legislação estava moldada a uma visão de inesgotabilidade dos recursos hídricos e tinha como preocupação primordial o uso da água com finalidades de produção de energia" (SILVA, Fernando Quadros da. A Gestão dos Recursos Hídricos após a Lei 9.433, de 08 de Janeiro de 1997. In: FREITAS, Vladimir Passos de (Org.). *Direito Ambiental em Evolução.* Curitiba: Juruá, 1998, p. 75).

política séria de gerenciamento das águas, como enfatiza Carlos Teodoro José Hugueney Irigaray:

> Contudo e a despeito da essencialidade da água para a humanidade, a idéia de inesgotabilidade do recurso postergou qualquer política de gerenciamento, que se impõe agora, exigindo mudanças culturais e legais, com vistas a reverter o quadro de escassez e superar os problemas dele decorrentes.[8]

A realidade, no entanto, fez como que o modelo da inesgotabilidade perdesse consistência técnico-científica. A Lei nº 9.433/97, no Brasil, estabeleceu literalmente que "a água é um recurso natural limitado" (art. 1º, II).[9]

Partindo dessa premissa, priorizamos, em nossa atividade profissional como Promotor de Justiça ligado à defesa da cidadania e da saúde, a proteção das águas, na perspectiva de minimizar, em especial, o grave problema da escassez e a contaminação desse recurso natural.

Passamos a enfrentar cotidianamente o problema da perfuração desenfreada de poços artesianos como forma de evitar o pagamento dos serviços de fornecimento da água potável.[10] Quando das discussões em torno do assunto, freqüentemente surgia o argumento daqueles que faziam uso das fontes alternativas – ou dos que o promoviam ou estimulavam – que a água existente sob o terreno estava englobada na propriedade do titular do domínio do solo, de tal forma que este poderia utilizar o que lhe pertencia como melhor lhe aprouvesse.

Com a finalidade de buscar subsídios jurídicos para trabalhar a questão, acabamos aprofundando o estudo em torno da propriedade da

---

[8] IRIGARAY, Carlos Teodoro Hugueney. Água: um direito fundamental ou uma mercadoria? In: CONGRESSO INTERNACIONAL DE DIREITO AMBIENTAL, 7., 2003, São Paulo. *Direito, Água e Vida*. São Paulo: Imprensa Oficial, 2003, v. 1, p. 385-400, p. 385.

[9] Ana Claudia Bento Graf elucida que "em 08.01.1997 foi editada a Lei 9.433, que institui uma política nacional específica para os recursos hídricos, adotando novos paradigmas quanto aos usos múltiplos das águas, à participação popular na gestão destes recursos e, reconhecendo que se trata de um recurso finito, vulnerável e, dotado de valor econômico" (GRAF, Ana Cláudia Bento. A Tutela dos Estados sobre as Águas. In: FREITAS, Vladimir Passos de (Org.). *Águas*: aspectos jurídicos e ambientais. 2.ed. Curitiba: Juruá, 2003, p. 52-53).

[10] É importante referir que "atualmente, paga-se aos prestadores de serviços públicos de saneamento quantias correspondentes à remuneração pela prestação dos mesmos, que incluem captação da água em corpos hídricos, tratamento, adução e distribuição de água potável, assim como coleta e afastamento de esgotos, podendo aí ser incluído o respectivo tratamento e ainda a disposição final dos lodos. A fatura que se recebe é, portanto, relativa à prestação de serviços de saneamento e nada tem a ver com cobrança pelo uso da água, instrumento da política de recursos hídricos" (GRANZIERA, 2001, p. 218).

água doce em nosso ordenamento jurídico,[11] terminando por concluir, como adiante será demonstrado, que, a partir da Constituição Federal de 1988, não existem mais águas privadas no Brasil.

Essa constatação tornou-se ainda mais consistente com a entrada em vigor do Código Civil de 2002 – que deve ser interpretado, no tópico, de forma sistemática com a Carta Maior e com a Lei da Política Nacional de Recursos Hídricos –, instituto merecedor de análise mais detalhada neste texto científico em razão de sua atualidade e de sua expressão jurídica enquanto instrumento legal, considerado que é a "constituição do homem comum", na expressão de Miguel Reale.[12]

Mas, se antes da entrada em vigor de nossa última Lei Fundamental os particulares eram proprietários das águas existentes em suas terras, as conseqüências da publicização dos recursos hídricos são expressivas, assim como o debate acerca da existência de direito a uma indenização, pelo antigo proprietário, a partir do momento em que perdeu a dominialidade sobre o recurso ambiental em tela.

Outro ponto de permanente contenda entre aqueles que agora passam a discutir concretamente o assunto diz respeito à competência dos Estados, Distrito Federal e Municípios para legislarem sobre recursos hídricos, tendo-se em vista que a Constituição dispõe competir à União, privativamente, legislar sobre águas (art. 22, IV, primeira parte); porém, de outro lado, existe farta legislação emanada dos demais entes federados tratando da matéria.

Essas e outras questões atuais decorrentes, sobretudo, das alterações introduzidas a partir da Norma Constitucional de 1988 e da Lei da Política Nacional de Recursos Hídricos (Lei nº 9.433/97) não vêm sendo objeto de decisões dos tribunais, pois a pesquisa jurisprudencial feita mostra que, salvo algumas exceções, os julgados se centram, na

---

[11] Vale alertar que o estudo do tema exige que se adentre em diversos campos do direito. Ney Lobato Rodrigues anota com razão: "O ilustrado WASHINGTON DE BARROS MONTEIRO (1994) proclamou da importância transcendental do estudo das águas, tanto no campo do direito privado e direito público, razão pela qual se deparam normas legais que lhe são concernentes, não só no direito civil, como no direito constitucional, no administrativo, no direito ambiental e no direito penal" (RODRIGUES, Ney Lobato. Das águas: aspectos jurídicos e ambientais. In: ARAÚJO, Luiz Alberto David (Coord.). *A Tutela da Água*. Bauru: ITE, 2002, p. 76).

[12] "Pronunciamento do Prof. Dr. Miguel Reale na sessão de 29 de novembro de 2001, como membro da Academia Paulista de Letras – APL, reconstituído pelo autor, e publicado pela mesma Academia" (REALE, Miguel. Visão Geral do Novo Código Civil. In: Novo Código Civil Brasileiro. 2.ed. São Paulo: Revista dos Tribunais, 2002, p. IX.).

maioria das vezes, nas tradicionais discussões de vizinhança envolvendo a problemática da água que perpassa por mais de um imóvel.

Não obstante tal constatação, acreditamos que não tardarão os litígios judiciais a respeito da propriedade das águas, direito a indenização, cobrança pelo uso dos recursos hídricos, outorga, competência para legislar sobre o tema, obrigatoriedade do consumo da água fornecida pelas concessionárias do serviço de abastecimento oficial, dentre outros. Portanto, nesse momento, será de fundamental importância que a doutrina tenha posições definidas sobre cada uma dessas questões.

Buscaremos, no presente trabalho, fazer uma abordagem sistemática dos principais aspectos envolvendo a água doce, propondo uma divisão geral em duas partes.

No Primeiro Capítulo, trataremos da importância da água; da denominada "crise da água", suas causas, conseqüências e formas de enfrentá-la; da situação dos recursos hídricos no Brasil; da gestão econômica da água; e da água subterrânea.

O Segundo Capítulo será dedicado à abordagem da propriedade privada da água; do advento do Código de Águas; da Constituição Federal e o regime de águas por ela adotado; da Lei da Política Nacional de Recursos Hídricos; do tratamento dispensado ao assunto pelo Código Civil de 2002; do enquadramento jurídico da água como bem de uso comum. Ainda enfocaremos a discussão a respeito do direito a uma indenização pelo antigo proprietário do recurso hídrico; o direito de outorga; e a cobrança pelo uso das águas. Finalizando, teceremos considerações sobre a obrigatoriedade do consumo humano da água fornecida pela concessionária do serviço de abastecimento público; a competência para legislar sobre águas; e sobre os papéis do Ministério Público e do Judiciário na solução dos conflitos envolvendo a água.

Como se percebe, o tema "águas" é assaz abrangente, motivo pelo qual restringiremos a análise à água doce, sem exame direto de questões envolvendo a água marinha e a água mineral, posto que são dignas de enfoque diferenciado e específico.

Também não serão objeto deste estudo os Comitês de Bacia Hidrográfica – órgãos colegiados com atribuições normativas, deliberativas e consultivas exercitáveis na bacia hidrográfica de sua jurisdição[13] – e as Agências de Águas – que têm a função de secretaria

---

[13] Art. 1º, § 1º, da Resolução 05, de 10/04/2000, do Conselho Nacional de Recursos Hídricos, publicada no DOU de 11/04/2000, p. 50-51.

executiva do(s) respectivo(s) Comitê(s) de Bacia Hidrográfica[14] –, pois tais órgãos, recentemente inseridos no cenário nacional pela legislação especializada, possuem vasta competência, demandando enfrentamento pormenorizado em trabalho próprio.

Por derradeiro, não se enfrentará a tormentosa polêmica envolvendo a construção de inúmeras usinas hidrelétricas no País, tampouco as repercussões[15] da adoção desse modelo prioritário de produção de energia no Brasil, já que, como mencionamos no item supra, igualmente ensejaria estudo dirigido apenas para esse fim, dada a sua larga abrangência.

---

[14] Art. 41 da Lei nº 9.433/97.

[15] Anote-se, apenas, que, para construir uma hidrelétrica, há necessidade de desvio do curso de rios; ocorrem inundações que afetam de forma brutal a flora e a fauna, com a eliminação de grande parte dela; é necessária a remoção da população que mora nas áreas alagadas e em suas imediações, com seu assentamento em local diverso, o que atinge as pessoas de modo intenso, pois perdem direitos básicos, como sua referência de moradia; ocorrem modificações no clima; dentre outros efeitos.

1. Aspectos socioambientais

1.1. IMPORTÂNCIA DA ÁGUA

A importância da água é indiscutível para a sobrevivência da humanidade, mas passou a ser realmente percebida quando esse recurso ambiental já não mais vinha sendo encontrado em abundância naqueles locais onde, tradicionalmente, a sua falta nunca fora sentida antes.

Virgínia Amaral da Cunha Scheibe sustenta que a água é "o bem mais precioso do milênio", destacando que essa afirmação já foi título e motivo de relevante seminário do Centro de Estudos Judiciários do Conselho da Justiça Federal realizado no ano 2000.[16]

Na mesma esteira, Adriana Bianchi, ao tratar dos motivos pelos quais a água deve ser focalizada, sentencia que ela "é o recurso mais importante do mundo".[17]

A par de sua imprescindibilidade, estima-se que hoje mais de 1 bilhão de pessoas não disponha de água suficiente para o consumo e que, em 25 anos, cerca de 5,5 bilhões estarão vivendo em locais de moderada ou considerável falta d'água.[18] A ONU, de outro lado, aponta que faltará água potável para 40% da população mundial em 2050,

---

[16] SCHEIBE, Virgínia Amaral da Cunha. O Regime Constitucional das Águas. *Revista de Direito Ambiental*, São Paulo, a. 7, n. 25, p. 207-218, jan./mar. 2002, p. 207.

[17] BIANCHI, Adriana N. Desafios Institucionais no setor de Água: uma breve análise. In: CONGRESSO INTERNACIONAL DE DIREITO AMBIENTAL, 7., 2003, São Paulo. *Direito, Água e Vida*. São Paulo: Imprensa Oficial, 2003, v. 1, p. 231-240, p. 231.

[18] AGÊNCIA NACIONAL DE ÁGUAS. *Introdução ao Gerenciamento de Recursos Hídricos*. Brasília: ANA, ANEEL, [s.d.] (Sistema Nacional de Informações Sobre Recursos Hídricos, CD n. 2).

enquanto especialistas com visão mais pessimista antecipam esse prazo para 2025.[19]

Vale registrar, ainda, que aproximadamente 97% da água do planeta é salgada – de dificílimo aproveitamento para o consumo humano. Dos 3% de água doce, cerca de 2% estão situados em estado de gelo, nas calotas polares,[20] e o 1% restante ainda conta com grande parte no subsolo, sendo porção considerável em camadas bastante profundas.

Não bastasse esse pequeno percentual de água doce aproveitável para o consumo é distribuído de forma desigual pela Terra, havendo lugares onde os recursos hídricos são abundantes, enquanto em outros a escassez constitui problema histórico, como no caso do Oriente Médio e dos desertos espalhados pelo mundo.

Vida e água estão diretamente relacionadas, sendo esta indispensável não só para o homem, como também para os animais e vegetais. O renomado jurista José Afonso da Silva expõe que a água "compartilha dos processos ecológicos essenciais, como o da fotossíntese, o da quimiossíntese e o da respiração. Funciona como hábitat e nicho ecológico de inúmeros organismos e espécies animais e vegetais".[21] Ou seja, a permanência da vida na Terra – tida como "Planeta Água", porquanto 70% da superfície de nosso planeta é coberta pelo líquido[22] – está intrinsecamente ligada à disponibilidade de recursos hídricos em qualidade e quantidade suficientes à satisfação das necessidades básicas dos seres vivos que nela habitam.

E o direito à vida está enquadrado em nosso sistema jurídico como um direito fundamental (art. 5º, *caput*, da CF) de primeira geração. Mais do que isso. Na correta lição de André Ramos Tavares:[23]

> É o mais básico de todos os direitos, no sentido de que surge como verdadeiro pré-requisito da exigência dos demais direitos consagrados constitucionalmente. É, por isto, o direito humano mais sagrado.
>
> O conteúdo do direito à vida assume duas vertentes. Traduz-se, em primeiro lugar, no direito de permanecer existente, e, em segundo lugar, no direito a um adequado nível de vida.

---

[19] CONFERÊNCIA NACIONAL DOS BISPOS DO BRASIL, item 37, p. 62.
[20] SILVA, Luís Praxedes Vieira da. Princípio da Precaução e Recursos Hídricos. In: CONGRESSO INTERNACIONAL DE DIREITO AMBIENTAL, 7., 2003, São Paulo. *Direito, Água e Vida*. São Paulo: Imprensa Oficial, 2003, v. 1, p. 709-717, p. 714.
[21] SILVA, José Afonso da. Proteção da Qualidade da Água. In: ——. *Direito Ambiental Constitucional*. 3.ed. São Paulo: Malheiros, 2000, p. 116.
[22] CONFERÊNCIA NACIONAL DOS BISPOS DO BRASIL, item 36, p. 61.
[23] TAVARES, André Ramos. *Curso de Direito Constitucional*. São Paulo: Saraiva, 2002, p. 387.

Assim, em primeiro lugar, cumpre assegurar a todos o direito de simplesmente continuar vivo, permanecer existindo até a interrupção da vida por causas naturais. Isso se faz com a segurança pública, com a proibição da justiça privada e com o respeito, por parte do Estado, à vida de seus cidadãos.

Em segundo lugar, é preciso assegurar um nível mínimo de vida, compatível com a dignidade humana. Isso inclui o direito à alimentação adequada, à moradia (art. 5º, XXIII), ao vestuário, à saúde (art. 196), à educação (art. 205), à cultura (art. 215) e ao lazer (art. 217).

Constata-se, desse modo, que não basta que a população tenha à sua disposição água doce que lhe permita apenas a continuidade da vida. É necessário também que a água seja potável[24] e fornecida em quantidade suficiente a garantir às pessoas vida compatível com a dignidade humana, um dos fundamentos da República brasileira (art. 1º, III, da CF).

A propósito, a dignidade da pessoa humana é um dos pilares da República Federativa do Brasil, ao lado do clássico princípio da separação dos Poderes,[25] definido e divulgado por Montesquieu.[26]

José Afonso da Silva discorre[27] com primazia sobre o fundamento de que trata o art. 1º, III, da Constituição Brasileira, merecendo transcrição a seguinte passagem:

> *Dignidade da pessoa humana* é um valor supremo que atrai o conteúdo de todos os direitos fundamentais do homem, desde o direito à vida. 'Concebido como referência constitucional unificadora de todos os direitos fundamentais [observam Gomes Canotilho e Vital Moreira], o conceito de dignidade da pessoa humana obriga a uma densificação valorativa que tenha em conta o seu amplo sentido normativo-constitucional e não uma qualquer idéia apriorística do homem, não podendo reduzir-se o sentido da dignidade humana à defesa dos direitos pessoais tradicionais, esquecendo-a nos casos de direitos sociais, ou invocá-la para construir 'teoria do núcleo da personalidade' individual, ignorando-a quando se trate de garantir as bases da existência humana'. Daí decorre

---

[24] Não se pode confundir água potável com água absolutamente pura. Esta sequer é encontrada na natureza, como anota Nivaldo Brunoni (BRUNONI, Nivaldo. A Tutela das Águas pelo Município. In: FREITAS, Vladimir Passos de (Org.). *Águas*: aspectos jurídicos e ambientais. 2. ed. Curitiba: Juruá, 2003. p. 91). Aquela, segundo o mesmo autor, referindo Nélson Hungria, é "imune de elementos insalubres ou própria para beber, permitindo o uso alimentar, mas não é necessário que seja irrepreensivelmente pura, bastando que possa ser ingerida habitualmente por determinado número de pessoas sem que provoque danos à saúde" (Ibidem, p. 92).

[25] Assegurada pelo art. 2º da Constituição Federal.

[26] Tal princípio, que teve as primeiras bases teóricas na obra "Política", de Aristóteles, veio a ser aprimorado por Montesquieu no livro "*De l'esprit des lois*", XI, 5.

[27] SILVA, José Afonso da. *Curso de Direito Constitucional Positivo*. 22. ed. rev. e atual. São Paulo: Malheiros, 2003. p. 105.

que a ordem econômica há de ter por fim assegurar a todos existência digna (art. 170), a ordem social visará a realização da justiça social (art. 193), a educação, o desenvolvimento da pessoa e seu preparo para o exercício da cidadania (art. 205) etc., não como meros enunciados formais, mas como indicadores do conteúdo normativo eficaz da dignidade da pessoa humana.

Destarte, por ter a água sintonia estreita com direitos fundamentais como a vida, a saúde e a dignidade da pessoa humana, assume inegável contorno também de direito fundamental. Carlos Teodoro José Hugueney Irigaray[28] enfoca a questão com propriedade, *verbis*:

> Enquanto direito fundamental, o direito à água é inalienável e irrenunciável, e o exercício da cidadania ensejará, ao longo do tempo, uma ampliação desse direito, incompatibilizando seu exercício com a gestão meramente econômica da água. Acresça-se que não é possível a concretização da democracia dissociada da implementação dos direitos fundamentais.

Por fim, os recursos hídricos possuem múltiplos usos[29] e valores,[30] mas, apesar de sua indiscutível importância, vêm perpassando por crise sem precedente, com prejuízos expressivos em todo o mundo.

1.2. CRISE DA ÁGUA

Priorizaremos nesse tópico uma análise sistemática das causas, conseqüências e de como se pode lidar e/ou suplantar a chamada "crise da água".

1.2.1. Causas da crise da água

Inúmeras são as razões que levaram o mundo ao estágio atual da crise que enfrenta pela escassez de recursos hídricos, esteja ela ligada

---

[28] IRIGARAY, 2003, p. 398.

[29] Pois a água é fonte de energia, serve para a irrigação agrícola, consumo pelos seres vivos, produção industrial, dentre tantos outros.

[30] Como, exemplificativamente, valor social, de produção, econômico, biológico, religioso, energético, paisagístico, turístico, ecológico. Pinçando-se um desses valores, é apropriado destacar-se a importância da paisagem, bem apreciada por Rodrigo Andreotti Musetti: "Na paisagem estão presentes os elementos naturais (biota, minerais, etc.) e/ou os culturais (sociais, históricos, estéticos, turísticos, econômicos, etc.), com destaque para os emocionais e espirituais. A paisagem é um lugar especial demarcado pela visão humana e experimentado pelo homem em toda sua integralidade" (MUSETTI, Rodrigo Andreotti. O Direito à Paisagem Hídrica no Brasil. In: CONGRESSO INTERNACIONAL DE DIREITO AMBIENTAL, 7., 2003, São Paulo. *Direito, Água e Vida*. São Paulo: Imprensa Oficial, 2003, v. 2, p. 463-473, p. 471).

à falta ou insuficiência da água, ou à carência de sua potabilidade,[31] que limita ou impede o seu uso para o consumo humano e para a dessedentação de animais.[32] Ao lado da escassez natural e histórica ocorrente em determinadas regiões do mundo, existe também aquela provocada pela ação do homem por inúmeras causas, dentre as quais algumas são dignas de especial análise.

1.2.1.1. Poluição ambiental

Inegavelmente a poluição ambiental[33] é o principal fator da crise da água, na medida em que, ao longo da história de desenvolvimento dos povos, e sobretudo a partir da Revolução Industrial,[34] a preocupação da humanidade centrou-se fundamentalmente na produção, sem maiores cuidados com a preservação do meio ambiente e, conseqüentemente, de seus recursos. Tanto é assim que, nos dias de hoje, a maioria dos principais rios que banham cidades importantes, independentemente do continente onde se situem, é considerada tecnicamente poluída, o que decorre, além de outros motivos, da falta de saneamento básico, do lançamento dos resíduos industriais diretamente

---

[31] O Texto-base da Campanha da Fraternidade de 2004 é preciso quando salienta que "não é apenas uma carência quantitativa, mas também qualitativa. A destruição dos mananciais, devido, principalmente, à devastação das matas ciliares, a contaminação dos mananciais por agroquímicos, resíduos industriais, metais pesados dos garimpos, esgotos urbanos e hospitalares, além do aumento do consumo na agricultura (irrigação), pecuária, indústria e consumo humano, projetam uma imagem de 'escasseamento progressivo' das águas". (CONFERÊNCIA NACIONAL DOS BISPOS DO BRASIL, item 37, p. 62.)

[32] Destaque-se que, "em situações de escassez, o uso prioritário dos recursos hídricos é o consumo humano e a dessedentação de animais", sendo essa uma regra universal, que está positivada no Brasil, consoante preconiza expressamente o art. 1º, III, da Lei nº 9.433/97.

[33] Algumas das causas fundamentais da poluição são a falta de destinação adequada do lixo e do esgoto; o uso excessivo e descontrolado de agrotóxicos; a liberação de gases tóxicos para a atmosfera; desmatamentos; erosão dos solos; utilização de adubos químicos, etc.

[34] Sobre os reflexos da Revolução Industrial na intitulada "crise da água", sublinhe-se o enfoque dado por Aldo da Cunha Rebouças: "A Revolução Industrial, cujo início verificou-se na Grã-Bretanha durante o século XVIII e se estendeu às outras partes da Europa e à América do Norte no início do século XIX, gerou no mundo, em geral, um grande aumento na produção de vários tipos de bens e grandes mudanças na vida e no trabalho das pessoas. No Brasil, em particular, essas transformações demográficas só aconteceram durante a segunda metade do século XX. Lamentavelmente, os grandes erros cometidos na Europa e Estados Unidos, principalmente, destacando-se o crescimento desordenado da demanda localizada da água, grandes desperdícios e a degradação da sua qualidade em níveis nunca imaginados nas cidades, indústria e agricultura, foram aqui sendo repetidos. Todos estes aspectos são, certamente, importantes fatores que engendraram a 'crise da água' que se anuncia como capaz de dar origem às guerras entre nações, ainda neste século XXI" (REBOUÇAS, Aldo da Cunha. Proteção dos Recursos Hídricos. *Revista de Direito Ambiental*, São Paulo, a. 8, n. 32, p. 33-67, out./dez. 2003, p. 38).

nas águas correntes, do despejo nestas também de produtos tóxicos utilizados na agricultura.

Nesse tópico, tomaremos por base a lição de Virgínia Amaral da Cunha Scheibe,[35] para quem "Como recurso ambiental, a água é indissociável dos demais elementos (solo, ar atmosférico, flora e fauna) que compõem o meio ambiente natural e sua presença garante a continuidade da vida". Ou seja, aqui pretendemos ampliar a análise para não só enfocar a crise da água propriamente dita, mas também para a inter-relacionar com duas relevantes degradações ambientais gerais – efeito estufa e desmatamento –, pois não se pode descurar do fato de que o meio ambiente compõe um sistema complexo e articulado, do que resulta que a poluição reflete em uma gama de recursos ambientais, afetando o equilíbrio ecológico.[36]

Para ilustrar, destacamos que, no dia 28 de março de 2004, o litoral norte do Estado do Rio Grande do Sul e o sul de Santa Catarina foram atingidos pelo destruidor "Catarina", classificado como ciclone extratropical pelos meteorologistas brasileiros, e como furacão para os especialistas norte-americanos. Independentemente do tipo de fenômeno, o certo é que se tratou de algo violento e inédito para a região do Atlântico Sul, chegando a afirmar Jack Beven – profissional do Centro Nacional de Furacões dos Estados Unidos, habituado com fatos semelhantes da natureza que costumam castigar a costa leste norte-americana -: *"Nunca vi nada parecido"*.[37] Com efeito, o "Catarina" foi avassalador, atingindo cerca de 34 mil casas gaúchas e catarinenses. Cidades como Passo de Torres e Santa Rosa do Sul[38] tiveram 95% de suas casas atingidas.[39] Muito embora não se tenha diagnosticado a causa do acontecimento, é inevitável que se questione sua *possível* relação com as alterações ambientais pelas quais o mundo vem passando.[40]

---

[35] SCHEIBE, 2002, p. 207.

[36] O equilíbrio ecológico é um dos principais objetivos da Política Nacional do Meio Ambiente (art. 4º, I, da Lei nº 6.938/81).

[37] O CICLONE que derrubou a meteorologia. *Zero Hora*, Porto Alegre, p. 28, 4 abr. 2004.

[38] Localizadas em Santa Catarina.

[39] ATINGIDA pelo ciclone Catarina. *VEJA*, São Paulo, a. 37, n. 14, p. 91, 7 abr. 2004.

[40] "Má notícia, já que fenômenos como esse devem se repetir. Em agosto, durante o Congresso Brasileiro de Meteorologia, especialistas vão discutir se o 'fenômeno Catarina' é ou não conseqüência do aquecimento global" (LEAL, Renata; ESCANDIUZZI, Fabrício. Ciclone ou furacão? *Época*, São Paulo, n. 307, p. 66, 5 abr. 2004).

1.2.1.1.1. Efeito estufa

Uma das causas suscitadas como geradora do fenômeno acima referido exemplificativamente é o aquecimento global, também denominado "efeito estufa",[41] que repercute diretamente sobre as fontes de água doce.

A queima de combustíveis fósseis[42] em grandes quantidades, e por longo período, agregada a outros fatores, como a eliminação de porção significativa da cobertura vegetal da Terra, tem feito com que nosso Planeta esteja mais quente. Ocorre que gases de efeito estufa lançados na atmosfera absorvem a radiação térmica, impedindo ou dificultando que ela escape para o espaço, como era natural que acontecesse. Com isso, a Terra irradia menos calor para o espaço do que absorve do Sol, culminando por aquecer o Planeta.

Para este estudo, não são tão relevantes as causas do aquecimento mundial, mas suas repercussões, como o recuo das geleiras em todo o mundo; o fato de que o gelo marinho do Ártico está mais fino; e que a primavera está sendo antecipada em uma semana, se observarmos comparativamente aos anos 50.[43]

Em reportagem denominada "Abastecimento de água está próximo do colapso",[44] Margarete de Moraes alerta que, em 2001,[45] segundo o Instituto Nacional de Meteorologia, entre janeiro e julho, choveu menos 25% do que o esperado. Citando o meteorologista Edson Borges, aponta em seu texto que "A diminuição das chuvas é um processo que teve início há três anos e está relacionado com fatores como o aquecimento global e o desmatamento das áreas de mananciais".

Maude Barlow e Tony Clarke relatam[46] que os oceanos vêm subindo em razão do derretimento das geleiras polares; que o século mais

---

[41] Denominação dada ao fenômeno em razão de ser originado por gases de efeito estufa lançados na atmosfera, como o dióxido de carbono, metano, óxido nitroso e clorofluorcarbonos (CFCs), dentre outros.
[42] Como o carvão, petróleo e gás.
[43] HANSEN, James. Desarmando a Bomba-Relógio do aquecimento global. *Scientific American*, São Paulo, a. 2, n. 23, p. 30-39, abr. 2004, p. 32.
[44] MORAES, Margarete de. Abastecimento de Água está próximo do colapso. *Folha de São Paulo*, São Paulo, p. 8-9, 2 ago. 2001.
[45] Ano do "apagão" brasileiro, decorrente do fato de que o sistema energético nacional é dependente da produção de energia elétrica gerada por usinas hidrelétricas, cuja fragilidade está associada a fatores imprevisíveis, como a quantidade de chuva que abastecerá os corpos d'água.
[46] BARLOW, Maude; CLARKE, Tony. *Ouro Azul*. São Paulo: M. Books, 2003, p. 49.

quente dos últimos mil anos foi o Século XX; que a década de 1990 foi a mais quente do milênio findo; e que os oceanos subiram, durante o Século XX, aproximadamente 10 centímetros. Evidentemente que tais dados não são apenas científicos, sem repercussão prática na vida do homem. Na mesma obra,[47] após a transcrição de escrito de Simon Retallack e Peter Bunyard sobre as graves conseqüências do aquecimento global para a vida,[48] anotam:

> Uma parte importante desse quadro é o impacto do aquecimento global em fontes de água doce. As terras úmidas, já em risco, serão afetadas adversamente pelas crescentes secas. De acordo com o altamente respeitado Centro de Hadley, uma instituição do Reino Unido, a elevação do nível do mar resultará na perda de aproximadamente 40% a 50% das terras úmidas costeiras do mundo até 2080.

E concluem os doutrinadores[49] com dados alarmantes, *verbis:*

> Alguns cientistas dizem que o aquecimento global é a única maior causa de escassez de água doce no mundo e eles prevêem a diminuição dos níveis de água em todos os grandes lagos e rios do mundo. O Centro de Hadley prevê que o aquecimento global fará com que parte da bacia amazônica se torne um deserto antes de 2050.

1.2.1.1.2. Desbaratamento da cobertura vegetal

Não obstante a gravidade do efeito estufa, não se pode relegar a segundo plano outra importante modificação ambiental[50] que repercute na crise da água, qual seja, a destruição da cobertura vegetal em todas as partes do mundo.

---

[47] Ibidem, p. 49.

[48] Ibidem, p. 49: "As implicações do aquecimento global para a vida são imensas. Com temperaturas mais altas, há mais energia movendo os sistemas climáticos da Terra que, em troca, causam eventos climáticos mais violentos. Tempestades severas, inundações, secas, tempestades de areia, ondas marinhas volumosas, desmoronamento de áreas costeiras, invasão de água salgada em águas subterrâneas, colheitas fracassadas, florestas agonizantes, inundação de ilhas baixas e o alastramento de doenças endêmicas, como malária, dengue e esquistossomose, ocorrerão se o consumo de combustíveis fósseis não for diminuído... A agricultura mundial" continuam, "enfrentaria crises severas e a economia poderia entrar em colapso. Haveria milhões e milhões de refugiados ambientais – pessoas fugindo dos mares invadidos ou igualmente dos desertos que deixaram em seu caminho depois de retirarem a vegetação da terra. Essas são as previsões e os conselheiros científicos do governo do Reino Unido estão advertindo que milhões morrerão no mundo inteiro por causa dos processos do aquecimento global que já foram desencadeados".

[49] Ibidem, p. 51.

[50] Caracterizável como poluição ambiental, tomando-se por base o conceito de que trata o art. 3º, III, da Lei nº 6.938/81.

Vários são os interesses econômicos que cercam o desmatamento e as queimadas: substituição de áreas inaproveitáveis do ponto de vista da produção de mercadorias por campos cultiváveis e para a criação de animais; abertura de espaço para a ocupação residencial, comercial e industrial; venda de madeira; dentre outros.

A matéria "Esperança contra o fogo e a motosserra"[51] resume apropriadamente a questão:

> O ritual de desmatamento da Floresta Amazônica segue uma lógica que tem por objetivo arrancar o máximo de lucro da natureza e do solo. As primeiras a ser cortadas são as árvores nobres. Esgotadas estas, vêm as mais comuns, ou a chamada madeira branca, útil para a fabricação de compensado e tábuas para a construção civil. O que sobra não interessa economicamente e é destruído pelo fogo para que a terra possa receber alguma atividade que renda mais dinheiro, como a agricultura ou a pecuária. Em todo esse processo, apenas a retirada de madeira nobre já é um negócio milionário.

Esse processo, no entanto, dá ensejo a uma série de prejuízos à humanidade, pois a vegetação que cobre o Planeta não tem apenas função paisagística,[52] sendo, ao contrário, essencial para o equilíbrio ecológico, como, *v.g.*, servindo de hábitat para animais, renovando o ar que respiramos, mantendo a estabilidade climática, além de participar diretamente do ciclo hidrológico.[53]

A obra "Ouro Azul" elucida[54] a relação natural existente entre as florestas e a água, sobressaindo-se a seguinte passagem:

> As florestas também têm um papel vital na proteção e purificação de fontes de água doce. Elas absorvem poluentes antes de eles atingirem lagos e rios e, como

---

[51] MADOV, Natasha. Esperança contra o Fogo e a Motosserra. *VEJA*, São Paulo, a. 35, n. 22, p. 22-25, dez. 2002. Edição Especial: Ecologia, p. 24.

[52] Guilherme José Purvin Figueiredo aborda a necessidade de proteção do manto verde da Terra: "Inúmeras são as razões que justificam a necessidade da proteção da biodiversidade florestal: a refrigeração da atmosfera planetária pela captura do gás carbônico e transformação em fitomassa, a redução dos riscos decorrentes da erosão e do assoreamento dos rios, a contenção dos processos de degradação do solo e muitos outros valores ecologicamente relevantes" (FIGUEIREDO, Guilherme José Purvin de. Consumo Sustentável. In: CONGRESSO INTERNACIONAL DE DIREITO AMBIENTAL, 6., 2002, São Paulo. *10 anos da ECO-92*: o direito e o desenvolvimento sustentável. São Paulo: IMESP, 2002, p. 214-215).

[53] Liana John frisa posicionamento enaltecendo a importância da mata na produção da água: "Quem trabalha com a gestão de recursos hídricos está muito empenhado em resolver os problemas quantitativos através de obra hidráulica e os problemas qualitativos através de saneamento, esquecendo a função das florestas como produtoras de água, em quantidade e com qualidade', explica a socióloga e especialista em gestão ambiental, Heloísa Dias, gerente nacional do programa Água e Florestas da Mata Atlântica" (JOHN, Liana. Mata Atlântica: entidades planejam conservação de recursos hídricos. *O Estado de São Paulo*, São Paulo, p. A10, 19 mar. 2003).

[54] BARLOW; CLARKE, 2003, p. 46.

as terras úmidas, evitam inundação, particularmente em países do sul sujeitos a ciclos bastante flutuantes de seca e chuvas pesadas. Quando as florestas são derrubadas ou exauridas de modo não-sustentável, a integridade das bacias hidrográficas locais é ameaçada ou destruída, mas quando são exploradas com bom senso ou deixadas em seu estado selvagem, elas podem executar suas funções como válvulas de segurança para rios e suas bacias hidrográficas.

Em todo esse contexto, o desmantelamento das matas ciliares[55] ao longo dos tempos e nos mais variados locais da Terra agrava a crise da água,[56] fazendo desaparecer rios e lagos; tornando desprotegidas as nascentes; escasseando a água dos lençóis subterrâneos; deixando de filtrar e frear a velocidade da água oriunda das chuvas,[57] bem como produtos químicos, como agrotóxicos, que chegam ao leito das lagoas, lagos, rios, banhados; prejudicando a qualidade da água, etc.

Fazendo-se uma analogia, é possível afirmar que a faixa ciliar protege os leitos dos mananciais como os cílios resguardam os olhos.

1.2.1.2. Aumento da população mundial

Paripasso à poluição ambiental, a escassez de água potável decorre do aumento irracional e desenfreado da população mundial,[58] sendo certo que as pessoas possuem necessidades infinitas, e que os recursos – sejam de que espécies forem – são limitados, o que não é diferente em relação à água.

Na medida em que um maior número de pessoas passa a consumir água, e ainda aumenta a poluição dos recursos hídricos, é inevitável que a escassez se ampliará. Estima-se, por isso, que, no neste século, a água potável terá a mesma importância – dada a incidência da lei da

---

[55] Constituem área de preservação permanente, forte no art. 2º, "a", "b" e "c", da Lei nº 4.771/65 (Código Florestal). Por isso, estão protegidas contra o corte, total ou parcial, a não ser que, por uma situação específica, seja ele permitido pelo órgão ambiental competente.

[56] "Samuel Barreto, biólogo e coordenador do Núcleo Pró-Tietê e de Recursos Hídricos da Fundação SOS Mata Atlântica, diz que a ocupação das áreas de mananciais de fato altera o ciclo da água. A diminuição da mata ciliar – espaço de até 30 metros a partir da beira de um rio ou lago que deve ser preservado com mata nativa – também contribui para a mudança no clima. Segundo dados da entidade, 92% da mata atlântica já foram devastados, e cerca de 13 mil hectares são derrubados por ano, só em São Paulo" (MORAES, 2001, p. 8).

[57] Com isso também não evitando a erosão das margens e o assoreamento dos corpos d'água.

[58] "O crescimento populacional de hoje não tem precedentes. Se a humanidade tivesse procriado sempre com tamanho afinco (1,33% ao ano), ela teria surgido apenas seis séculos antes de Cristo, calcula Joel Cohen, do Laboratório de Populações das universidades Rockefeller e Colúmbia (EUA)" (LEITE, Marcelo. 6 bilhões de pessoas: será demais? *Folha de São Paulo*, São Paulo, 2 jul. 1999. Edição Especial: Ano 2002 água, comida e energia).

oferta e da procura – que o petróleo teve no Século XX, e, o que é pior, a elevados custos, tornando-se algo de uso elementar e indispensável em produto elitizado, que estará ao alcance de poucos, os quais, por incoerência do sistema, terão sido os maiores causadores dessa situação, posto que os detentores do capital são os proprietários das indústrias poluidoras, das embarcações que geram derramamentos de óleo,[59] etc.

1.2.1.3. Desperdício

Além do aumento da população mundial, que produz um conseqüente e natural crescimento da demanda por água, não se deve descurar da ação humana que causa desperdício do líquido no seu manejo. Alguns exemplos do cotidiano das pessoas mostram que a soma de pequenas – ou de grandes – perdas d'água contribuem substancialmente para o implemento da já referida crise. Assim ocorre quando se lava a calçada com a mangueira aberta, em vez de se fazer uso de menores quantidades de água limpando-se o chão com o auxílio de vassoura; escovam-se os dentes ou faz-se a barba com água corrente; lava-se o carro com a mangueira sempre aberta, quando se poderia utilizar um balde e fechar a torneira durante a esfregação do veículo; tomam-se

---

[59] Típico exemplo de caso de derramamento de óleo em território brasileiro que acentuou significativamente a poluição das águas, inicialmente marinhas, mas depois vindo a atingir a água doce da Lagoa dos Patos, foi o do Navio Bahamas, de bandeira malteza, encalhado em agosto de 1998, próximo ao porto de Rio Grande, no Rio Grande do Sul. O fato danoso repercutiu internacionalmente, gerando manifestações de oposição por parte de entidades ecológicas (inclusive do Greenpeace, que levou um navio seu até o local e ali protestou), e a prisão do comandante do navio. Tratou-se do maior desastre ambiental registrado no Estado nas últimas duas décadas, alterando a vida de milhares de pescadores. O Bahamas "era uma bomba com 120 toneladas de óleo combustível e 12 mil toneladas de ácido sulfúrico prestes a explodir" (RIO GRANDE DO SUL. Assembléia Legislativa. Comissão de Cidadania e Direitos Humanos. *Relatório Azul:* garantias e violações dos direitos humanos no RS, 1998/1999. Porto Alegre: Assembléia Legislativa, 1999, p. 408) que, com os porões corroídos pelo ácido, acabou tendo rachando o seu lastro e veio a ter seus porões cheios de água, afundando cerca de dois metros na lama. Em início de setembro de 1998, representantes de órgãos públicos ambientais autorizaram o bombeamento do ácido para o mar, por intermédio do canal que liga a Lagoa dos Patos ao Oceano Atlântico. Após 10 dias de bombeamento, a Justiça Federal suspendeu o procedimento em ação ajuizada conjuntamente pelos Ministérios Públicos Estadual e Federal. Em função do despejo, a pesca foi suspensa, gerando ação indenizatória para os trabalhadores atingidos pela medida. No mês de maio de 1999, o navio foi rebocado para águas internacionais, e, segundo os responsáveis pela embarcação, seria levado a um estaleiro, na Grécia, para ser recuperado. O que fica, contudo, é um local modificado ecologicamente em razão da negligência humana, que somente retornará a *status quo ante* depois de muitos anos; e, enquanto isso, continuam sendo atingidas todas as formas de vida que habitam a região afetada.

banhos demorados; regam-se plantas em horário impróprio, com consumo de água muito superior ao necessário, porquanto é sabido que, no começo da manhã e ao entardecer, o aproveitamento da irrigação é superior pelos vegetais, pois há menos evaporação; não se percebe ou deixa-se de tomar providências diante de vazamentos contínuos;[60] dentre outros.

1.2.1.4. Considerações adicionais sobre as causas da crise da água

Desse modo, as principais causas da crise geradas pelo homem podem ser agrupadas em três grandes blocos: poluição ambiental, crescimento populacional e desperdício de água. Luís Praxedes Vieira da Silva,[61] após indicar dados da quantidade percentual de água doce existente em nosso Planeta e de frisar que ela é distribuída de forma desigual entre seus 6 bilhões de habitantes, na linha do que afirmamos, destaca que "esse pouquinho de água que ainda resta está seriamente ameaçado pelos esgotos, lixo, resíduos de agrotóxicos e de indústrias, pelo descuido na preservação de mananciais, pelo aumento inevitável da população e pelo desperdício".

Mas não podemos esquecer que o ser humano também gera crise quando deixa de gerenciar adequadamente os recursos hídricos e quando negligencia na formulação de uma política mundial de preservação ambiental, que englobaria uma política de águas. Ou seja, o homem prejudica o meio ambiente – e a si próprio, portanto – também com sua inação.

Essas causas são conhecidas das pessoas e, em especial, das autoridades. No entanto, acarretam resultados nefastos, os quais vêm-se mostrando diariamente em todas as partes da Terra, sem que atitudes pertinentes sejam tomadas por aqueles que podem modificar a situação criada pelo próprio homem, sobretudo como fruto de sua ganância em alcançar o máximo de vantagem econômica, e preferentemente em curto prazo, com suas ações.

Fruto de todas essas lamentáveis alterações ambientais é o distanciamento cada vez maior entre os planos do ideal e da prática, pois,

---

[60] "Um pequeno filete de água escorrendo um dia inteiro por um vazamento pode equivaler ao consumo diário de água de uma família de cinco pessoas" (PLANETA Água. Disponível em: http://www.tvcultura.com.br/aloescola/ciencias/aguanaboca acesso em: 5 abr. 2004).
[61] SILVA, L., 2003, v. 1, p. 714.

muito embora a nossa Constituição estabeleça diversos objetivos fundamentais da República Federativa do Brasil[62] – tais como a construção de uma sociedade livre, justa e solidária; a garantia do desenvolvimento nacional; a erradicação da pobreza e da marginalização, e redução das desigualdades sociais e regionais; e a promoção do bem de todos –, é cada vez mais difícil a sua implementação real na vida dos brasileiros.

1.2.2. Conseqüências da crise da água

Fixada a premissa de que se está vivenciando uma crise no setor hídrico, é inegável concluir que inúmeras conseqüências dela decorrem. Sem a pretensão de esgotamento do assunto, vez que se reconhece que tal desafio é praticamente inalcançável, serão focalizados alguns dos principais resultados da crise.

1.2.2.1. Guerra pela água

Ao longo do Século passado, foi possível visualizar intensas guerras mundiais na luta pelo petróleo, motivadas, sobretudo, pelo fato de que todos os países dependem dessa fonte de energia para movimentar a imensa frota de veículos do Planeta. Não obstante, forçosa é a constatação de que o petróleo não é insubstituível, pois, com o avanço da ciência, poder-se-á, em curto ou médio lapso temporal, passar a adotar fontes outras na propulsão dos motores, preferentemente renováveis e não poluentes – ou menos agressoras ao meio ambiente do que o "óleo negro". Assim, uma vez superada a necessidade de uso intenso do petróleo, a conseqüência será a eliminação dos conflitos decorrentes dessa causa.

Contudo, tem-se dito que o Século XXI será marcado não mais por disputas em torno do petróleo, mas em razão da água.[63] Os confli-

---

[62] Art. 3º da Carta Magna.

[63] Cristiano Dias traz informações alarmantes: "Apenas 2% de toda a água da Terra fazem parte de seu suprimento de água doce. Além disso, 90% desse montante estão localizados nos pólos ou no subsolo. A escassez do produto já constitui uma ameaça à paz mundial. No momento em que a população mundial atinge a marca de seis bilhões de pessoas, o planeta ruma na direção de uma escassez crônica de água. Se mantidos os atuais padrões de crescimento, a previsão é a de que a população global chegue a oito bilhões, em 2025, aumentando drasticamente a demanda

tos já constituem uma realidade, e desenvolver-se-ão em todos os níveis, atingindo desde as pequenas comunidades até a relação entre países ou blocos de países. É indiscutível que sempre há interesses econômicos por trás das guerras, e com a água não será diverso, pois aqueles que detiverem o seu controle se tornarão poderosos – ou ainda mais que já o sejam – em nível global. Diversa, entretanto, poderá ser a forma de se pôr fim a essas lutas, na medida em que, ao contrário do que ocorre com o petróleo, a água jamais será substituída por outro bem, seja ele natural ou artificial, dadas suas qualidades e seus múltiplos usos.

Adriana Bianchi relata[64] que a região do Oriente Médio conta com 3% da população mundial, mas que só dispõe de 1% da água doce do mundo. Além disso, as perdas de água nas distribuições municipais com freqüência ultrapassam 50% da água fornecida para o uso urbano. A doutrinadora destaca, em relação aos conflitos gerados pela escassez de água:

> Essencial a estes problemas é o fato de que a escassez de recursos e certas formas de degradação ambiental são fatores importantes na instabilidade política ou nos conflitos violentos a nível local, regional e interestadual. Resumindo, existe cada vez mais certidão de que as deficiências ambientais locais, regionais e globais, bem como a escassez de recursos levarão cada vez mais a conflitos. Os líderes do Oriente Médio, tanto do passado como do presente, têm declarado que a água é o fator que mais provavelmente levaria seus países à guerra. Tanto no Oriente Médio quando na África do Norte, a pobreza em aumento, as pressões de população, retiradas não sustentáveis de água, contínuas disputas territoriais vinculadas a um crescente nacionalismo, degradação ambiental e escassez de água são os fatores predominantes que contribuem para aumentar o conflito violento regional.

Por outro lado, Koffi Anan, na condição de secretário-geral da ONU, fez declaração otimista por ocasião do Fórum Internacional das Águas – e esperamos que ele esteja certo –, realizado em outubro de 2003, em torno da relação água/guerra, nos seguintes termos: "é provável que a água se transforme numa fonte cada vez maior de tensão

---

e agravando os conflitos ocasionados pela escassez. Somente 0,2% das fontes de água do nosso planeta está disponível para o consumo humano, sendo que apenas 0,000006% é aproveitado" (DIAS, Cristiano. Água: o petróleo do século 21 apud FEDELI, Cláudia Cecília. Responsabilidade Penal por contaminação de Águas subterrâneas. In: CONGRESSO INTERNACIONAL DE DIREITO AMBIENTAL, 7., 2003, São Paulo. *Direito, Água e Vida*. São Paulo: Imprensa Oficial, 2003, v. 1, p. 425).
[64] BIANCHI, 2003, v. 1, p. 233.

e competição entre as nações, a continuarem as tendências atuais, mas também poderá ser um catalisador para viabilizar a cooperação entre os países".[65]

1.2.2.2. Fonte de doenças e morte

Mais concretos para o cidadão comum são os problemas que atingem a saúde humana – e naturalmente a própria vida – em decorrência da crise da água.

Dados da Organização Mundial de Saúde apontam que 80% das doenças do mundo se relacionam à ausência de água tratada,[66] sendo a poluição hídrica um dos principais canais de propagação de enfermidades como o tifo e a cólera.[67] Além dessas, outras doenças como a disenteria, hepatite tipo A, malária e amebíase colocam em risco pessoas que não têm à sua disposição água própria para o consumo e rede de esgoto.[68]

Da matéria intitulada "Água, bem da humanidade",[69] extraem-se as seguintes passagens a respeito da relação entre a crise da água e o comprometimento da saúde e da vida humana:

> A falta de água limpa causa a morte de 4 milhões de crianças por ano, de doenças como cólera e malária... Se mais de 1 bilhão de pessoas no mundo não têm acesso a água potável, mais do dobro ainda não dispõe de saneamento adequado. Doenças adquiridas pela água matam 6 000 crianças diariamente nos países em desenvolvimento e talvez uma das principais lições aprendidas a

---

[65] A CARTA de Porto Alegre. *Zero Hora*, Porto Alegre, p. 23, 11 out. 2003, p. 23.

[66] Brunoni, após enfocar a importância da água, ressalta: "Não obstante, o homem continua a poluir os cursos d'água, sem se dar conta de que está fomentando um mecanismo de proliferação de doenças e de aumento dos custos agregados à potabilidade para abastecimento público, especialmente dos grandes aglomerados urbanos. Segundo a Organização Mundial de Saúde (OMS), 80% das doenças do mundo estão associadas à ausência de água tratada – na grande maioria dos casos relacionadas à desnutrição" (BRUNONI, 2003, p. 77). Com base nessa passagem, é possível afirmar, como já vem fazendo grande parte dos especialistas na matéria (a ONU compartilha desse entendimento), que a água deve ser considerada como alimento, e este é um direito fundamental social, nos termos do art. 7º, IV, da Constituição Federal.

[67] SANTILLI, 2003, v. 1, p. 648.

[68] Ilustrativamente, aponte-se que algumas das moléstias originadas a partir do uso, pelo homem, de água contaminada, podem ser prevenidas com a adoção de medidas simples, como: fervura da água antes de seu consumo; limpeza periódica da caixa d'água; se o líquido provier de fontes subterrâneas, estas devem estar distantes de fossas sépticas, locais de criação de animais, e de plantas que recebem aplicação de produtos tóxicos, e devem ser analisadas com regularidade para verificação de sua aptidão ao consumo humano.

[69] COTTA, Camila. *Água:* bem da humanidade. Disponível em: http://www.radiobras.gov.br/ct/materia.html Acesso em: 5 abr. 2004.

partir da implementação de programas de saúde e saneamento seja de que instalações sanitárias por si só não resultam em melhores condições de saúde.

A parte final do trecho reproduzido diz respeito, no nosso entendimento, ao fato de que não basta que os governantes implementem, por meio de seus programas, instalações sanitárias para eliminar a visualização da poluição. É necessária a existência de políticas públicas voltadas a, efetivamente, promoverem um tratamento da água usada de tal forma que ela retorne ao meio ambiente em boas condições de potabilidade. Em resumo, é insuficiente recolher-se o esgoto e simplesmente despejá-lo em rios, lagoas, mares. A realidade atual exige tratamento sério dos recursos hídricos poluídos, a fim de que, ao retornarem para o meio ambiente, de onde foram extraídos, estejam com suas propriedades o mais aproximado de sua formulação *in natura*.

Na verdade, a degradação hídrica implica expressivos gastos aos cidadãos e ao poder público com o aumento de internações hospitalares e tratamento geral da saúde humana,[70] bem como sofrimentos desnecessários ao homem, já que, não raras vezes, é acometido de doenças que poderiam ser evitadas.

Questões diversas envolvendo a relação entre a água e a saúde estão tratadas no tópico concernente ao saneamento básico (item 1.2.3.3).

1.2.2.3. *Encarecimento dos recursos hídricos*

Por outro lado, a redução da quantidade e da qualidade dos recursos hídricos enseja uma elevação no custo de captação e tratamento da água e, via reflexa, atinge diretamente o consumidor do produto final. Exemplificativamente, se a água de um rio de captação está poluída em maior intensidade, demandará mais produtos químicos, além do incremento de capital de investimento fixo decorrente da necessidade de instalações mais robustas, para se tornar própria ao consumo, o que, logicamente, encarece o seu valor final.

---

[70] "Desde os primórdios destes tempos primitivos, como o ar que se respira, a água limpa de beber é um imperativo de saúde da humanidade. Entretanto, estima-se que 60% das internações hospitalares no Terceiro Mundo, hoje, têm como causa principal o consumo de água de qualidade duvidosa (OMS, 2002). Por sua vez, acredito que todos concordam que o direito de cada indivíduo ao acesso à água limpa de beber deve ser reconhecido como universal, e que deveríamos começar a trabalhar para transformá-lo em uma realidade do dia-a-dia das pessoas" (REBOUÇAS, 2003, p. 44).

Ainda que não se pretenda que a água seja considerada uma "mercadoria", de fato ela está sujeita, como todos os bens existentes, à lei da oferta e da procura.[71] Logo, em face da diminuição de sua disponibilidade, é natural que seu custo se eleve.

Relacionado a isso, tem-se que não basta, com já se consignou, que exista água em quantidade, pois os seus usos prioritários – consumo humano e dessedentação de animais – demandam líquido em condições de consumo. A água tem de ser boa, não podendo causar riscos à saúde, ainda que estes decorram de sua utilização continuada. E é em função do conhecimento público de que a água, em geral, está bastante poluída, que parte crescente da população não confia mais na qualidade do produto fornecido por intermédio das tubulações de suas residências, passando a sociedade, cada vez em maior escala, a adquirir no comércio água mineral para o uso doméstico, gerando, com isso, mais despesas contínuas em suas vidas, além, é claro, de fomentar o rico mercado da água mineral.

Esse processo de mudança no cotidiano das pessoas está avançando tão rapidamente que "entre 1995 e 1999 a produção de água engarrafada no Brasil passou de 1,5 bilhão de litros para 3 bilhões".[72]

Além do aumento do custo do serviço de fornecimento de água, pelas razões elencadas, outra conseqüência da crise instalada é a cobrança pelo uso do recurso hídrico, visando, dentre outras coisas, a *incentivar a racionalização do uso da água.*[73] Veja-se que, além de passarmos a ter maior custo com a prestação do serviço de fornecimento de água, ainda teremos um implemento em nossas despesas em razão da necessidade de comprarmos a água que será fornecida pela empresa – pública ou privada – responsável pelo abastecimento da população.

---

[71] "Uma questão teórica, porém, requer esclarecimento. A teoria econômica clássica parte do princípio de que os desejos humanos são infinitos, enquanto os bens são finitos: daí a 'escassez' e o valor econômico dos bens. Bens abundantes – como hoje é o ar, não têm valor econômico. Somente bens 'escassos' despertam o interesse da economia de mercado, que se propõe a otimizar seu uso conforme a lei da oferta e procura. A aplicação do conceito de 'escassez' na questão da água tem, portanto, um viés ideológico, pois abre caminho para as grandes empresas que se propõem a gerir a água mundial conforme as leis do mercado" (CONFERÊNCIA NACIONAL DOS BISPOS DO BRASIL, item 44, p. 65-66.).
[72] BARLOW; CLARKE, 2003, p. xxi.
[73] Art. 19, II, da Lei nº 9.433/97.

1.2.2.4. Limitação na produção de alimento

O quarto e último resultado da crise da água que se entende mereça especial atenção diz com a limitação mundial na produção de alimento, a qual repercute, umbilicalmente, no aumento da fome e do sofrimento dos seres humanos, sobretudo daqueles residentes em países subdesenvolvidos ou em desenvolvimento.

Paul Ehrlich,[74] em entrevista concedida ao Jornal Folha de São Paulo,[75] diz ter escrito um trabalho sobre a água doce como fator limitante para a produção de comida, e que muitos pesquisadores acreditam que esse aspecto é o ponto de parada, porquanto já estamos consumindo, mais ou menos, metade do fluxo disponível. Refere que o problema vai ser maior ou menor de acordo com a sorte com relação ao clima, que é uma incógnita. Se tivermos azar, esse pode tornar-se o grande problema. Após frisar que estamos além da capacidade suportável pelo Planeta para pessoas que se comportam como nós, usando a tecnologia que usamos, menciona:

> É fácil de ver isso, porque não conseguimos viver com nossa renda. Só damos conta de sustentar 6 bilhões de pessoas porque estamos esgotando nosso capital, não particularmente carvão e óleo, mas solos ricos para agricultura, água subterrânea, plantas, animais e microorganismos que sustentam nosso sistema de vida – tudo isso está desaparecendo rapidamente.

Se enfrentamos uma delicada situação de carência na qualidade e quantidade de água doce em nível global, inegavelmente teremos mais dificuldades na produção de comida, já que os animais e vegetais dependem constantemente do uso de água doce e em condições próprias. Acrescente-se o fato de que outras alterações ambientais igualmente atingem a produção alimentar, como a falta de chuvas decorrente de modificações climáticas; a ocorrência de fortes e desoladoras rajadas de ventos; a perda de propriedades do solo em função do uso contínuo e excessivo de substâncias tóxicas nas lavouras, etc.

O que nos conforta é o desenvolvimento de novas tecnologias, como as que têm tornado os vegetais mais resistentes e com maior

---

[74] Biólogo que ficou famoso a partir de 1968, quando publicou "A Bomba da População", *best seller* que assustou o mundo na oportunidade.
[75] LEITE, 1999, p. 10.

capacidade de produção, caso dos transgênicos.[76] Mesmo assim, devemos estar atentos para o que nos alerta Ana Cláudia Bento Graf:[77]

> Grandes extensões de áreas antes férteis estão perdendo sua capacidade de produzir, em razão do mau uso do meio ambiente. Até mesmo regiões metropolitanas cercadas por mananciais vêm sofrendo com a escassez de água, decorrente da diminuição da sua qualidade, comprometida por desmatamentos, poluição e ocupação irregular.

1.2.3. Como enfrentar a crise da água

A escassez de recursos hídricos potáveis não é fácil de ser combatida ou minimizada, pois decorre de múltiplos e históricos fatores. Além disso, há fortes interesses econômicos e políticos que circundam a crise da água, não se podendo negar que aqueles que lucram com ela opõem forte resistência à sua superação.

De todo modo, importa para a humanidade que a proteção dos recursos hídricos é uma necessidade vital,[78] constituindo uma obrigação do Estado e da sociedade preservá-la para esta e para as futuras gerações. E é com esses interesses maiores que devemos nos comprometer,[79] e não com aqueles outros ligados à defesa de propósitos mesquinhos e descompromissados com a vida.

Não se tem a pretensão de propor soluções milagrosas para expungir ou minorar significativamente as causas das diversas formas de poluição e uso inadequado da água, porque se reconhece que a tarefa não é singela. Tampouco se buscará esgotar as possibilidades de en-

---

[76] Aqui não se ingressará na discussão de ser acertada, ou não, a produção de vegetais geneticamente modificados, porquanto, do contrário, estar-se-ia perdendo o foco deste trabalho.

[77] GRAF, 2003, p. 52.

[78] Nesse passo, é apropriado lembrar o quinto item da "Declaração Universal dos Direitos da Água" (esta redigida pela ONU): "A água não é somente uma herança dos nossos predecessores; ela é, sobretudo, um empréstimo aos nossos sucessores. Sua proteção constitui uma necessidade vital, assim como a obrigação moral do homem para com as gerações presentes e futuras". A nossa Constituição Federal foi mais longe, reconhecendo não apenas uma obrigação moral do Poder Público e da coletividade em defender e preservar o meio ambiente – donde se inclui a água – para as presentes e futuras gerações, estabelecendo uma obrigação jurídica nesse sentido ao prevê-la no seu art. 225, *caput*.

[79] Não nos esqueçamos, à evidência, que, na esfera ambiental, vigora o princípio do desenvolvimento sustentável, o qual se baseia na máxima de que podemos e devemos fazer uso dos recursos ambientais, porém de forma racional. Esse princípio internacional vem, no Brasil, positivado já no art. 4º, I, da Lei nº 6.938/81: "Art. 4º A Política Nacional do Meio Ambiente visará: I – à compatibilização do desenvolvimento econômico-social com a preservação da qualidade do meio ambiente e do equilíbrio ecológico;"

frentamento da problemática, em função de que, com o avanço galopante da ciência, é possível que logo surjam métodos eficazes o suficiente para eliminar sérios fatores que desencadeiam a inglória escassez.

O que se almeja é não só expor as facetas negativas ligadas à disponibilidade dos recursos hídricos no Planeta, mas a sugerir a adoção de algumas providências – sem esgotá-las – que, no nosso entender, seriam eficientes para a modificação do panorama atual da crise da água, pois devemos ter em vista que "A grande finalidade da vida não é conhecimento, mas ação",[80] de tal sorte que não basta conhecermos os problemas, competindo-nos igualmente promover e instigar a tomada de ações positivas tendentes a resolvê-los.

De forma a melhor abordar o enfrentamento da escassez, serão subdivididas em tópicos as sintéticas[81] proposições que se pensa sejam imprescindíveis à obtenção de resultados positivos.

1.2.3.1. Política mundial e nacional da água

A adoção de uma política mundial da água, que importe em um gerenciamento apropriado desse recurso ambiental, vem sendo realçada pela comunidade ligada ao assunto em diversos eventos.[82] Com efeito, a Terra constitui uma grande porção de área separada politicamente em territórios independentes, mas interligados quando se trata de questões envolvendo a degradação ambiental, que repercute sem respeitar fronteiras. Assim ocorre, *v.g.*, quando um rio transpõe mais de um Estado, a tal ponto que a poluição gerada mais próximo à sua nascente alcançará a foz, que não raro se situa em país diverso daquele que causou a degradação ambiental.

Um caso atual de conflitos em razão da água é retratado em matéria do Jornal O Estado de São Paulo, nos seguintes termos:

> Outra tendência que reforça o quadro de crise mundial é a dos conflitos em regiões onde dois ou mais países compartilham água de rios ou aqüíferos. O

---

[80] HUXLEY, Thomas Henri. *apud* ROBBINS, Anthony. *Poder sem limites*. Tradução Muriel Alves Brazil. São Paulo: Best Seller, 1987, p. 19.

[81] As proposições serão vistas de forma o mais sintéticas possível – não se deixando de ter em conta serem complexas –, porquanto não consistem no foco *central* do presente estudo.

[82] "Em todos esses eventos, tem sido reafirmado o reconhecimento da crise mundial agravada pela falta de um gerenciamento adequado dos recursos hídricos, bem como a necessidade urgente de uma política mundial de águas" (IRIGARAY, 2003, v. 1, p. 387).

projeto de exploração do aqüífero do Nordeste do Saara pela Líbia provocou conflitos com Argélia e Tunísia. E não faltam áreas sensíveis, porque as águas dos rios fronteiriços vêm se tornando mais escassas ou poluídas, problema que atinge do Rio Danúbio às nascentes do Orinoco, na Amazônia, por onde se espalha o mercúrio dos garimpeiros brasileiros.[83]

Em nossa realidade, podemos antever a existência de conflitos em torno da degradação e/ou utilização dos recursos hídricos armazenados no Aqüífero Guarani, que se estende por Brasil, Paraguai, Uruguai e Argentina.

O panorama de conflituosidade retratado de forma exemplificativa pode muito bem ser revertido se os países firmarem compromissos de redução dos níveis de poluição e de adoção de medidas de recomposição das áreas degradadas, estabelecendo protocolos que constituam verdadeira política mundial de gerenciamento dos recursos hídricos.[84]

No âmbito nacional, também contamos com problema de gerenciamento da água. A população nordestina poderia estar sofrendo bem menos com a escassez de água, a par das condições climáticas desfavoráveis da Região, se o sistema gerencial fosse diverso, sendo elucidativo o seguinte trecho da matéria "É desta vez que o sertão vai virar mar?":

> De acordo com um estudo da Fundação Joaquim Nabuco, a região já possui água suficiente para atender à demanda, proveniente de chuvas e mananciais de superfície e subterrâneos. O problema é de gerenciamento, ampliação da capacidade de estocagem e aproveitamento racional.[85]

Entrementes, do ponto de vista jurídico, avançamos bastante nos últimos anos, pois, cumprindo a previsão constitucional do art. 21, XIX,[86]

---

[83] JOHN, Liana. A exploração desordenada degrada fontes. *O Estado de São Paulo,* São Paulo, p. A16, 16 mar. 2003.

[84] No texto "Que se fará com a água?", Washington Novaes menciona o preocupante relatório *World Water Development Report*, coordenado pela UNESCO, referindo que "A crise, entretanto, não é exatamente de recursos (embora eles possam ser escassos, faltar ou vir a faltar em pontos específicos): 'É de gestão da água, essencialmente causada pelas formas como administramos esse recurso', diz o documento. Que enfatiza a contribuição da 'inércia no nível de lideranças' e da 'falta de consciência da população para a escala do problema'. O resultado final é que, 'de todas as crises sociais e naturais que o ser humano enfrenta, a da água ocupa o centro da nossa sobrevivência e do planeta Terra'" (NOVAES, Washington. Que se fará com a água? *O Estado de São Paulo,* São Paulo, p. A 2, 14 mar. 2003).

[85] BAHÉ, Marco. É desta vez que o sertão vai virar mar? *Época,* São Paulo, n. 307, 5 abr. 2004, p. 49-50.

[86] "Art. 21. Compete à União: XIX – instituir sistema nacional de gerenciamento de recursos hídricos e definir critérios de outorga de direitos de seu uso".

a Lei n° 9.433/97 instituiu a Política Nacional de Recursos Hídricos, tratando em quatro Títulos, respectivamente, da Política Nacional de Recursos Hídricos, do Sistema Nacional de Gerenciamento de Recursos Hídricos, das Infrações e Penalidades, e das Disposições Gerais e Transitórias.

Embora se lastime a demora da regulamentação da Constituição, devemos festejar a sua ocorrência e destacar que a Lei infraconstitucional federal é instrumento bastante completo e adaptado à realidade global da crise da água, colocando à disposição dos responsáveis pela sua aplicação instrumentos capazes de alteração da preocupante situação por nós vivenciada. A Lei institui uma série de inovações, como a previsão expressa de que a água é um bem de domínio público[87] – pondo a norma infraconstitucional em sintonia com a Constituição Federal –, com isso viabilizando[88] uma ingerência maior do Poder Público na proteção e preservação dos recursos hídricos, sobrepondo-se a interesses privados outrora garantidos pela legislação civil, que tinha por base a propriedade privada das águas.

Concluindo, se os demais países dotarem seus ordenamentos jurídicos de leis semelhantes à nossa Lei Federal n° 9.433/97 e, além disso, estabelecerem conjuntamente uma política global adequada de gerenciamento dos recursos hídricos, é provável que, em pouco tempo, possamos visualizar expressiva minoração na famigerada crise da água.

1.2.3.2. Aplicação efetiva da legislação que protege o meio ambiente e os recursos hídricos mais especificamente

No Brasil, há farta legislação visando "à compatibilização do desenvolvimento econômico-social com a preservação da qualidade do meio ambiente e do equilíbrio ecológico," finalidade precípua da Política Nacional de Meio Ambiente (art. 4°, I, da Lei n° 6.938/81), inclusive com previsão de rigorosos sancionamentos penais e adminis-

---

[87] Art. 1°, I, da Lei n° 9.433/97.

[88] No nosso entendimento, a dominalidade integralmente pública das águas vem assentada pela própria Constituição Federal de 1988, desde quando já era possível a tomada de algumas medidas tendentes a assegurar tal direito estatal. Não obstante, na prática, foi a Lei da Política Nacional de Recursos Hídricos que instituiu os mecanismos para a efetivação das providências decorrentes da dita publicização, tanto que poucos textos são encontrados sobre a transmudação da propriedade das águas antes do advento da lei infraconstitucional.

trativos aos responsáveis por condutas e atividades lesivas ao meio ambiente.[89] O que falta, todavia, é a aplicação efetiva do ordenamento vigente pelos operadores do Direito e, além disso, intenso investimento público e privado não apenas na preservação ambiental, mas também na recuperação daquilo que já foi degradado e que ainda pode ser reconstituído, mesmo que parcialmente.

Deveras, o sistema positivo pátrio é rico em normas protetivas da água, seja por intermédio de leis que estabeleçam regras para os recursos hídricos, seja via proteção destes por normas ambientais gerais.

Juliana Santilli,[90] em relação ao Código de Águas, analisa-o com propriedade:

> O Código de Águas (Decreto 24.643/34, modificado pelo Decreto-Lei 852/38 e por outras leis esparsas), um dos principais textos legais referentes à matéria, encontra-se em grande parte revogado pela Lei 9.433/97, e por ter sido concebido e elaborado na década de 30, dá grande ênfase ao aproveitamento de recursos hídricos para fins de geração de energia elétrica, e pouca (embora alguma) atenção à água enquanto recurso ambiental a ser protegido, racionalizado e gerenciado.

A legislação que derrogou o Código de Águas em grande parte foi a Lei nº 9.433/97, a quem coube a instituição da Política Nacional de Recursos Hídricos e a criação do Sistema Nacional de Gerenciamento de Recursos Hídricos. Buscando a implementação dos referidos Política e Sistema Nacional de Recursos Hídricos, a Lei nº 9.984/2000 dispõs sobre a criação da Agência Nacional de Águas – ANA –, estabelecendo ainda regras para sua atuação, estruturação administrativa e fontes de recursos. Posteriormente, a Lei nº 10.881, de 11/06/2004, disciplinou os contratos de gestão firmados entre a ANA e terceiros.

No campo das normas ambientais gerais, destaca-se a Lei nº 6.938/81, que dispôs sobre a Política Nacional do Meio Ambiente, sendo aplicável integralmente às águas, as quais incluiu dentre os recursos ambientais (art. 3º, V). Mais diretamente, essa Lei estabeleceu como princípio a racionalização do uso da água (art. 2º, II), pois, à época, a crise hídrica já era algo bastante perceptível em nível global.

De inegável importância também foi a Lei nº 4.771/65, conhecida como Código Florestal, que teve inúmeros dispositivos alterados pela Medida Provisória nº 2166-67, de 24/08/2001. Essa Lei estabeleceu ser

---

[89] Destaque-se, em especial, a Lei Federal nº 9.605/98.
[90] SANTILLI, 2003, v. 1, p. 648.

de preservação permanente a vegetação situada nas proximidades de cursos d'água; ao redor das lagoas, lagos ou reservatórios d'água; nas nascentes e nos chamados "olhos d'água", nas distâncias que estabeleceu em seu art. 2º.

Já na esfera penal, o Decreto-lei nº 2.848/40 (Código Penal) instituiu três figuras típicas relativas às águas, quais sejam, os crimes de usurpação de águas (art. 161, I); envenenamento de água potável (art. 270); e corrupção ou poluição de água potável (art. 271). Estes dois últimos prevêem também os delitos na modalidade culposa.

Mais recentemente, a Lei nº 9.605/98, chamada de Lei dos Crimes Ambientais ou Lei Jobim, introduziu crimes e infrações administrativas que alcançam a proteção das águas, podendo-se citar como exemplo o delito de que trata o art. 54, *caput*, que estabelece pena de reclusão de um a quatro anos, e multa, para quem causar poluição de qualquer natureza (inclusive no tocante aos recursos hídricos[91] – apontamento nosso) em níveis tais que resultem ou possam resultar em danos à saúde humana, ou que provoquem a mortandade de animais ou a destruição significativa da flora. Nesse tipo penal enquadra-se, *v.g.*, a conduta humana de derramamento de petróleo em águas doces ou marinhas, fato que tem sido cada vez mais comum em nosso cotidiano – desde que provoque, exemplificativamente, a mortandade de peixes.

Não se pode esquecer da mais importante lei de proteção e preservação ambiental, que é a Constituição Federal, posto que, na hierarquia das normas jurídicas, se sobrepõe a todas as demais. A Carta Magna de 1988 instituiu capítulo específico relacionado ao Meio Ambiente (Capítulo VI do Título VIII),[92] tendo suas regras importantes funções, como estabelecer direitos, pautar a legislação infraconstitucional e tornar inaplicáveis[93] aquelas normas inferiores que sejam com ela incompatíveis.

---

[91] "A poluição dos recursos hídricos talvez seja a mais avassaladora das formas de degeneração dos recursos naturais com a qual o homem se defronta, e as suas causas mais comuns são os produtos químicos e os dejetos humanos e industriais" (COSTA NETO, Nicolao Dino de Castro; BELLO FILHO, Ney de Barros; COSTA, Flávio Dino de Castro e. *Crimes e Infrações Administrativas Ambientais:* comentários à Lei nº 9.605/98. Brasília: Brasília Jurídica, 2000, p. 244).

[92] Em que pese a existência do referido Capítulo, que concentra grande parte das normas ambientais, não nos esqueçamos que diversas outras normas da mesma espécie estão previstas de modo esparso pela Constituição, como, *v.g.*, nos arts. 20 a 24, que tratam das competências dos entes federados.

[93] Seja por não-recepção ou por inconstitucionalidade, na primeira hipótese se a lei é anterior à Constituição e, na segunda, se posterior à sua entrada em vigor.

Todavia, independentemente de ser administrativa, civil ou penal a regra protetiva do meio ambiente e dos recursos hídricos mais especificamente, o certo é que somente terá eficácia social capaz que agir positivamente sobre as deficiências de quantidade e qualidade de água se aplicada com o rigor que exige a realidade fática. E isso não ocorre, muitas vezes, por exigências formalistas de parte dos aplicadores da norma, que se preocupam mais com aspectos secundários de laudos técnicos do que com a poluição ambiental causada a partir de condutas humanas irresponsáveis, tudo acarretando a tão famigerada impunidade, que é mecanismo de propulsão e agravamento da crise da água.

1.2.3.3. Investimento em saneamento básico

A Constituição brasileira reza que a saúde é direito de todos e dever do Estado (art. 196) e será prestada pelo sistema único (SUS – art. 198, *caput*), que inclui dentre suas diretrizes a priorização para atividades preventivas (art. 198, II), competindo-lhe participar da formulação da política e da execução das ações de saneamento básico (art. 200, IV).

Constata-se, assim, que o investimento público em saneamento básico constitui não apenas uma obrigação moral do poder público, mas verdadeira obrigação jurídica decorrente da própria Lei que estrutura o Estado, sendo, portanto, um imperativo para o seu gestor.

Saneamento básico consiste no fornecimento à população de água potável e na prestação dos serviços de coleta e tratamento do esgoto sanitário.[94] Na lição de Nivaldo Brunoni:[95]

> Assim, é possível definir o saneamento básico como o conjunto de medidas higiênicas aplicadas especialmente na melhoria das condições de saúde de uma determinada localidade, para o controle de doenças transmissíveis ou não, sobretudo pelo fornecimento de rede de água potável e esgotos sanitários.

As carências nesse setor fazem com que os índices de doença no Brasil e no mundo se acentuem. Apenas para se ter uma idéia, estima-se que, em nosso país, 70% das internações infantis em hospitais públicos, e 40% da mortalidade infantil tenham origem em deficiências de saneamento básico.[96]

---

[94] Algumas legislações incluem no conceito de saneamento básico a coleta, tratamento e disposição final do lixo, caso da Constituição do Estado do Rio Grande do Sul, art. 247, § 1º.
[95] BRUNONI, 2003, p. 84.
[96] RODRIGUES, 2002, p. 263.

O Jornal Folha de São Paulo, em matéria veiculada no Dia Mundial da Água[97] do ano 2000 (p. 06), dá o seguinte alerta: "cerca de 80% dos esgotos do país não recebem qualquer tipo de tratamento e são despejados diretamente em mares, rios, lagos e mananciais, segundo a Abema (Associação Brasileira de Entidades do Meio Ambiente)".

Estão diretamente correlacionados, portanto, o despejo de esgoto nos corpos d'água, a escassez qualitativa da água que abastece a população e a disseminação de doenças de veiculação hídrica.

Os administradores públicos necessitam ter a consciência de que gastar os parcos recursos atualmente disponíveis com o tratamento de doenças é um mau negócio quando estas podem ser prevenidas. Assim, medidas político-administrativas tendentes ao fornecimento de água potável e à captação e tratamento de esgoto geram, a um só tempo, evitação de doenças e tratamento médico-hospitalares; uma melhor qualidade de vida à população; economia de recursos públicos, pois os maiores gastos com o saneamento básico são feitos uma única vez, enquanto o tratamento da população em razão de sua falta é permanente; uma efetiva melhoria na qualidade ambiental de um modo geral; dentre outros resultados positivos.

Assim, a corriqueira alegação dos gestores públicos de que inexistem recursos para aplicar no setor não convence,[98] porquanto, em

---

[97] Instituiu-se o dia 22 de março como o Dia Mundial da Água, tendo servido tal data, todos os anos, para alertar o mundo sobre os problemas relacionados aos recursos hídricos.

[98] A desculpa de falta de dinheiro, tempo e tecnologia para a despoluição das cidades é indigna de credibilidade, consoante elucida a seguinte reportagem: "Em sujeira, as metrópoles brasileiras só perdem para as da Índia, país 'campeão do lixo, imperador da sujeira', como o descreveu o grande escritor Vidiadhar Naipaul. Por que a rica São Paulo é atravessada há décadas por um rio, o Tietê, que é um esgoto a céu aberto? Por que o Rio de Janeiro nunca se preocupou seriamente em coibir a poluição de suas belas praias, destino final de boa parte do esgoto produzido na cidade, que chega ao mar sem nenhum tipo de tratamento? Por muitos anos os brasileiros se iludiram com a resposta mais simples: faltam dinheiro, tempo e tecnologia para limpar as cidades. A presente reportagem mostra que essa desculpa é esfarrapada. Diversas metrópoles do mundo conseguiram limpar seus rios e praias com relativamente pouco dinheiro, usando tecnologias simples. O caso do Rio de Janeiro é a mais impressionante demonstração de descaso pela limpeza no hemisfério ocidental. Cartão-postal do Brasil, é capaz de atrair cerca de 1,5 milhão de visitantes estrangeiros por ano. Seu maior apelo é a orla marítima emoldurada por uma paisagem deslumbrante. O problema é que as praias cariocas não oferecem apenas sol forte, areia branca e mar azul. Elas abrigam alta concentração de coliformes fecais, vazamentos esporádicos de óleo e de esgoto e lixo que desce dos barracos nos morros depois das chuvas fortes. A Baía de Guanabara recebe a cada segundo 20 toneladas de esgoto, ou cerca de 1,7 milhão de toneladas por dia. Apenas 54% do total de esgoto produzido na cidade é coletado pela rede pública, o que significa que o resto acaba em fossas sépticas ou é lançado na rede pluvial, cujo destino é o mar" (LOBO, Alice; GRECO, Alessandro. Metrópoles de Água cristalina. *VEJA*, São Paulo, a. 35, n. 22, p. 26-33, dez. 2002. Edição Especial: Ecologia, p. 28). Na mesma matéria,

verdade, pelas razões antes elencadas, o saneamento ambiental deve constituir prioridade do poder público.[99] Apesar de os custos serem elevados, alguns países se convenceram da relevância de investir na área, dispondo-se politicamente a isso e obtendo expressivos resultados a curto prazo, como é o caso do Chile: "O Chile foi citado como exemplo onde a vontade política fez a diferença, por ter ampliado cobertura de saneamento de 17% para 70% em três anos".[100]

O Brasil tem avançado no trato do esgotamento sanitário, mas ainda há muito a ser feito, como aponta o IBGE:[101]

> Das condições de saneamento básico, o esgotamento sanitário é o que apresenta o mais longo caminho a ser percorrido para atingir índice satisfatório que possa garantir melhorias nas condições de moradia e saúde da população, bem como preservar a qualidade do meio ambiente. No decorrer dos nove anos entre os Censos Demográficos, aumentou a proporção de domicílios ligados à rede geral de esgoto ou com fossa séptica em todas as áreas do País.

O grande empecilho na implementação do necessário investimento em saneamento é eleitoral, já que, como as obras no setor geralmente não são visíveis, uma vez que se cristalizam no subsolo, há pouco retorno para o gestor público, do ponto de vista do reconhecimento social do trabalho realizado, e isso repercute nas eleições.

Advirta-se, por fim, que a crise da água será eficazmente combatida quando o esgoto sanitário for efetivamente tratado,[102] não bastando a freqüente captação nas fontes geradoras e posterior despejo, nas mesmas condições, nos corpos d'água.

---

são citados alguns exemplos de sucesso na despoluição das águas, caso de Sydney, na Austrália, que, em 10 anos, a fim de sediar as Olimpíadas de 2000, teve suas praias transformadas em zona livre de esgoto e poluição. Um dado expressivo é que, exemplificativamente, na Praia de North Steyne, a concentração de 1.887 unidades de coliformes fecais por 100 mililitros, observada no verão de 1989, foi reduzida para 4 em 1999. Outro interessante modelo é a megalópole Nova Iorque, que conta com 17 milhões de habitantes, e que, em 1995, conseguiu zerar a quantidade de esgoto não tratado que despeja em torno da ilha de Manhattan, local poluído desde o início do Século XIX.

[99] Essa prioridade não vem sendo observada. Sobre o tema, Rebouças destaca: "Entretanto, chama a atenção à inércia política que faz com que, em nenhum momento, os poderes constituídos da nação – executivo, legislativo ou judiciário – bem como os partidos políticos tenham considerado como prioritários os problemas engendrados pela falta de saneamento básico nas cidades, principalmente" (REBOUÇAS, 2003, p. 39.).

[100] DUARTE, Letícia. Privatização de esgoto é rejeitada. *Zero Hora*, Porto Alegre, p. 39, 10 out. 2003.

[101] INSTITUTO BRASILEIRO DE GEOGRAFIA E ESTATÍSTICA. *Censo Demográfico 2000*: características da população e dos domicílios. Rio de Janeiro, 2000, p. 58.

[102] Notadamente utilizando-se o tratamento completo, que envolve os níveis primário, secundário e terciário.

1.2.3.4. Redução da poluição ambiental e recomposição das áreas atingidas

O desenvolvimento sustentável é hoje um princípio universal inabalável. O avanço econômico-social passa pela utilização de recursos ambientais como a água, a madeira, os minérios, a carne de animais utilizada como alimento, etc. Porém, diferentemente do que ocorreu na maior parte do Século XX, o ser humano deve fazer uso desses recursos não mais de forma indiscriminada, despreocupada, mas com observância às limitações impostas pela necessidade de se manter o equilíbrio ecológico.

Esse conflito entre a degradação ambiental provocada pelo homem visando ao seu desenvolvimento e à preservação da qualidade do meio ambiente é altamente complexo na esfera prática, embora teoricamente possa ser ilusoriamente simplificado.

Acontece que alguns recursos naturais utilizados pelo ser humano são esgotáveis e, uma vez retirados de seu meio, não mais poderão ser substituídos por outros. Ou, mesmo que o bem ambiental possa, em tese, ser recomposto, em determinadas condições torna-se insubstituível, como é o caso, *v.g.*, da derrubada de uma árvore nativa centenária, localizada no centro de uma cidade, a fim de ser viabilizado o alargamento de uma rua. Nessa hipótese, ainda que outra árvore da mesma espécie possa ser plantada em substituição àquela abatida, tal não ocorrerá no mesmo lugar, tendo-se que reconhecer, ao menos, o dano paisagístico irreversível causado ao meio ambiente.

As medidas compensatórias são, por vezes, a única alternativa encontrada para minimizar as conseqüências da degradação ambiental, podendo ser impostas na forma de responsabilização objetiva[103] se o poluidor deixa de, espontaneamente, indenizar ou reparar os danos por ele provocados (art. 14, § 1º, da Lei nº 6.938/81).[104]

---

[103] "A responsabilidade civil por dano ao meio ambiente, além de objetiva, é integral, não se limitando a indenização a um teto. 'Ainda que a conduta do agente, que causa o dano, seja lícita, autorizada pelo poder competente, embora obedeça a normas técnicas para o exercício de sua atividade, se dessa atividade resulta prejuízo ambiental, tem ele a obrigação de indenizar'. LANFREDI enumera cinco conseqüências da responsabilidade civil objetiva na seara ambiental, que são, a) irrelevância da intenção danosa (basta um simples prejuízo); b) irrelevância da mensuração do subjetivismo; c) inversão do ônus da prova; d) irrelevância da licitude da atividade; e) atenuação do relevo do nexo causal" (Anais do 3º Congresso Brasileiro do Ministério Público do Meio Ambiente e 2º Encontro Regional do Instituto 'O direito por um Planeta Verde', p. 109).

[104] "Art. 14. § 1º. Sem obstar a aplicação das penalidades previstas neste artigo, é o poluidor obrigado, independentemente da existência de culpa, a indenizar ou reparar os danos causados

Como as conseqüências da poluição ambiental não raro são irreversíveis e altamente desastrosas, devem o Poder Público e a sociedade empreender esforços conjuntos no sentido de evitá-las nas suas mais diversas modalidades; e, uma vez já ocorrida a degradação, tomarem medidas para reparar o dano, se possível, ou compensá-lo, a fim de mitigar seus efeitos.

Adotemos como modelo para o estudo a problemática do efeito estufa. Trata-se, como já visto,[105] de resultado da poluição atmosférica, que acarreta sérios prejuízos ao meio ambiente e às águas especificamente. Técnicos sustentam, contudo, que se pode criar um cenário alternativo capaz de modificar a situação atual, observando James Hansen[106] o seguinte:

> Ele tem duas componentes [referindo-se ao cenário alternativo – grifo nosso]: primeiro, parar ou reverter o crescimento de poluentes do ar, especialmente fuligem, ozônio atmosférico e metano; segundo, manter as emissões médias de dióxido de carbono dos combustíveis fósseis nas próximas 5 décadas ao mesmo nível de hoje.

Todavia, não se pode perder de vista que países desenvolvidos como os Estados Unidos são os maiores agressores ambientais, fato que dificulta a tomada de providências de preservação e defesa ambiental, dada a liderança política mundial que detêm. Sobre o tema, merece transcrição parte das conclusões de Guilherme José Purvin de Figueiredo,[107] extraídas de artigo denominado "Consumo Sustentável":

> É fato notório que os Estados Unidos da América do Norte continuam sendo o país que mais degrada o meio ambiente em todo o planeta e, simultaneamente, que mais demanda dos países que ainda dispõem de uma rica biodiversidade matéria prima para o fomento desse modelo ecologicamente insustentável. Nesse sentido, impõe-se uma conjunção global de esforços, em especial dos países ricos, no sentido de introduzir alternativas não-impactantes de consumo.

Tamanho é o egoísmo e a ganância norte-americana que, para não prejudicar sua economia, os Estados Unidos resolveram não se vincular ao Protocolo de Kioto – acordo internacional sobre mudanças cli-

---

ao meio ambiente e a terceiros, afetados por sua atividade. O Ministério Público da União e dos Estados terá legitimidade para propor ação de responsabilidade civil e criminal, por danos causados ao meio ambiente".
[105] No item 1.2.1.1.1.
[106] HANSEN, 2004, p. 38.
[107] FIGUEIREDO, 2002, p. 222.

máticas que impõe aos seus signatários obrigações de redução da emissão de gases que causam o aquecimento global.[108]

Uma das alternativas de superação do posicionamento adotado pelos Estados Unidos seria o exercício de forte pressão sobre o país de parte da União Européia, que tem interesse econômico na participação norte-americana no acordo, pois com ele disputa fatia expressiva do mercado internacional, e terá gastos consideráveis com investimentos para o cumprimento de suas obrigações ambientais, ao passo que seu concorrente americano estará livre dos mesmos, com o que surge uma situação de desequilíbrio na competição de mercado.

Outra preocupante degradação ambiental que atinge substancialmente os recursos hídricos[109] é o desmatamento, em relação ao qual igualmente devem ser adotadas providências para sua redução em níveis expressivos e a curto espaço de tempo, sob pena de a crise da água sofrer forte agravamento, a ponto de comprometer cada vez mais as formas de vida que habitam a Terra.

Tangente à vegetação geral e ainda mais intensamente em relação às matas ciliares – dada a imensa importância dessas áreas de preservação permanente –, impõe-se uma maior fiscalização da população[110] e dos órgãos estatais competentes para que as leis ambientais sejam rigorosamente cumpridas, com a imposição, aos infratores, das penalidades estabelecidas nas normas protetivas.

Além disso, cabe aos agentes estatais vinculados à preservação e proteção do meio ambiente promover a conscientização pública para as questões ambientais, tal como estabelecido na Constituição (art. 225, § 1º, VI), informando os lindeiros de corpos d'água, por exemplo, da influência que as matas de galeria detêm na manutenção ou resta-

---

[108] Sobre o Protocolo de Kioto, a Revista Veja noticia que "Em 1997, representantes de cerca de duas centenas de governos reunidos na cidade japonesa de Kioto firmaram um protocolo para diminuir as emissões de gases na atmosfera: 5% de redução do volume de fumaça lançado ao ar, entre os anos de 2008 e 2012. Os Estados Unidos, responsáveis sozinhos por mais de 35% de toda a fumaça lançada na atmosfera, negam-se a assinar esse documento alegando que o país não pode sacrificar sua economia em nome de uma teoria sem consenso científico" (PROTOCOLO de Kioto. *Veja*, São Paulo, a. 37, n. 3, 21 jan. 2004, p. 98).

[109] Além de afetar o meio ambiente de forma global.

[110] As pessoas, enquanto integrantes de uma comunidade preocupada com a preservação da vida, podem e devem denunciar os danos ambientais de que sejam testemunhas, às autoridades competentes, possuindo o direito de exigirem destas que mantenham sigilo sobre a fonte da denúncia, já que, não raras vezes, o poluidor é um vizinho ou alguém próximo que não aceitaria com naturalidade o fato de ter sido delatado.

belecimento do equilíbrio ecológico, e que devem planejar suas propriedades rurais de forma a evitar o desmatamento das margens dos mananciais ou restabelecer a faixa ciliar previamente derrubada.

Vladimir Passos de Freitas conclui[111] precisamente que "para alterar esta situação existem dois caminhos: prevenção e repressão".[112]

Destarte, o combate ao aquecimento global e ao desbaratamento da cobertura vegetal são medidas eficientes no enfrentamento da crise da água, devendo ser agregadas a outras que atuem na prevenção e proteção ambiental e, de igual forma, na frenagem do crescimento populacional mundial[113] e na eliminação de desperdício dos recursos hídricos.

1.2.3.5. Envolvimento comunitário na adoção de medidas de preservação e proteção da água

O comprometimento de cada ser humano com a preservação e proteção do meio ambiente e da água especificamente faz com que surja um envolvimento da coletividade nesse sentido, o que, aliás, é um dever imposto a todos, no Brasil, pela Constituição Federal (art. 225, *caput*), como já frisado anteriormente.

Para tanto, a população deve estar ciente da importância do meio ambiente e das graves repercussões de sua degradação, donde se inclui

---

[111] FREITAS, Vladimir Passos de. Matas Ciliares. In: FREITAS, Vladimir Passos de (Org.) *Direito Ambiental em Evolução, 2*. Curitiba: Juruá, 2000. p. 317-330, p. 329.

[112] A íntegra de suas conclusões é a seguinte: "CONCLUSÕES – a) As matas ciliares, apesar da importância de que se revestem e de se acharem protegidas por lei desde 1934, têm sido destruídas em todo território nacional, com grande prejuízo para o meio ambiente. Para alterar esta situação existem dois caminhos: prevenção e repressão. b) A prevenção, que já vem acontecendo, principalmente através da criação de consórcios entre municípios destinados à preservação de rios, deve ser objeto de maior atenção e atuação dos particulares, de associações e das autoridades públicas. c) A repressão deve, da mesma forma, ser utilizada. No âmbito administrativo, deve impor sanções aos infratores, em especial multa e embargo de obra. No campo civil, que obrigue a restaurar área degradada ou, pelo menos, permita o crescimento da vegetação nos limites legais, tudo além da indenização, quando cabível. No aspecto penal, sempre que a mata ciliar pertencer a floresta, fazer valer o art. 39 da Lei dos Crimes Ambientais, submetendo o infrator ao pertinente processo penal. d) Há uma conscientização crescente da sociedade e das autoridades, a respeito da importância das matas ciliares. Impõe-se levar adiante esta nova filosofia, intensificando as autoridades administrativas, o Ministério Público e o Poder Judiciário a divulgação e o cumprimento da legislação protetora das matas ciliares".

[113] Com o que haverá menos consumo e poluição da água, minorando conseqüentemente a escassez.

a crise da água. Um importante caminho para se chegar à maturidade sobre a consciência ecológica passa pela educação ambiental em todos os níveis de ensino, o que é uma das incumbências do Poder Público, como preconiza expressamente a Lei Fundamental (art. 225, § 1º, VI).

Tratando da escassez da água, Théo Rochefort destaca:[114] "O problema se agrava hoje em países em desenvolvimento pelo descaso dos governos e pelo desconhecimento da população – afirma o coordenador de campanha do Greenpeace no Brasil, Ruy de Góes".

Medidas simples, adotadas por cada pessoa, podem causar bons frutos na luta pelo fim – ou minoração – da crise da água. Sugere-se, em caráter exemplificativo, a economia de água potável; que se denuncie aos órgãos competentes – como à polícia, às secretarias de meio ambiente, aos departamentos de recursos hídricos, ao Ministério Público – a poluição, por quem quer que seja, de mananciais; a cobrança aos políticos por nós eleitos que tomem medidas de proteção e preservação da água, e que cumpram e façam cumprir a legislação específica; que, onde haja tubulação de condução do esgoto até local apropriado para tratamento, o cidadão faça sua parte, ligando a rede de sua casa à canalização existente na rua, o que, por incrível que possa parecer, é muito comum que não ocorra pelas mais variadas razões.

Outras providências eficazes podem ser utilizadas em maior escala nos setores primário, secundário e terciário,[115] quais sejam, a reciclagem e o reuso da água. A distinção dessas modalidades de reaproveitamento de recursos hídricos vem explicitada por Daniel Roberto Fink:[116]

> Reutilizar a água pressupõe um uso e um usuário anterior. E mais: pressupõe a presença de um próximo usuário diferente do anterior, ainda que o outro uso seqüencial não seja diferente do original.
>
> A reutilização da água para o mesmo fim daquele uso original, pelo mesmo usuário, denomina-se reciclagem.

As indústrias, em especial, vêm fazendo uso progressivo de processos de reaproveitamento da água, seja para o mesmo fim ou para finalidade diversa, ainda que disponibilizada para usuário diferente,

---

[114] ROCHEFORT, Théo. Escassez de água ameaça o planeta. *Zero Hora*, Porto Alegre, p. 51, 23 out. 1998.

[115] Mas que também podem ser utilizada nas residências, bastando que haja criatividade.

[116] FINK, Daniel Roberto. Reuso de Água. In: CONGRESSO INTERNACIONAL DE DIREITO AMBIENTAL, 7., 2003, São Paulo. *Direito, Água e Vida*. São Paulo: Imprensa Oficial, 2003, v. 1, p. 439-461, p. 443.

por duas razões fundamentais, que são a economia nos custos finais de produção e a melhoria da imagem da empresa no mercado nacional e internacional, cada vez mais preocupados com as questões ambientais.

Sob o título "Mercado exige tratamento de resíduos industriais", o Jornal Zero Hora, do Rio Grande do Sul,[117] abordou o tema, sendo apropriada a seguinte transcrição:

> As empresas gaúchas descobriram que reduzir o consumo de água é bom para o ambiente e para seus balancetes. Nos últimos cinco anos, as empresas investiram no tratamento e no reaproveitamento da água, derrubando em mais da metade o despejo nos rios e fazendo com que os resíduos industriais deixem de ser o grande poluidor dos mananciais gaúchos.

Dessa forma, vê-se que é possível aliar a preservação e proteção das águas à redução de custos de atividades produtivas e mesmo domésticas, colaborando-se, assim, com a luta pelo equilíbrio ambiental.

1.2.3.6. Pagamento pela água como forma de reduzir o seu consumo

Neste tópico, buscaremos apenas enfocar a cobrança pelo uso da água como mecanismo de combate ao escasseamento qualitativo e quantitativo, deixando o exame de outras questões envolvendo o instrumento da Política Nacional de Recursos Hídricos em tela para o item 2.2.3.

Dispõe a Lei dos Recursos Hídricos que a cobrança pelo uso da água tem alguns objetivos,[118] importando-nos agora aqueles ligados a dar ao usuário uma indicação do real valor da água e incentivar a racionalização de seu uso.

Independentemente da posição que se assuma em relação ao acerto da política de cobrança pela utilização da água, é inegável que o instrumento possibilita uma melhor conscientização de parte do usuário no sentido de que o líquido potável outrora abundante hoje é um bem cada vez mais procurado e menos disponível no Brasil e no mundo, impondo-se, por isso, que seu uso seja racionalizado.

---

[117] FLOR, Ana. Mercado exige tratamento de resíduos industriais. *Zero Hora*, Porto Alegre, p. 36, 26 mar. 2002.
[118] Lei nº 9.433/97. "Art. 19. A cobrança pelo uso de recursos hídricos objetiva: I – reconhecer a água como bem econômico e dar ao usuário uma indicação de seu real valor; II – incentivar a racionalização do uso da água; III – obter recursos financeiros para o financiamento dos programas e intervenções contemplados nos planos de recursos hídricos".

Segundo grande parte dos especialistas, a cobrança pela água é providência essencial para garantir o abastecimento futuro, possibilitando a sobrevivência das futuras gerações.

Na lição de Aldo da Cunha Rebouças:[119]

> Não obstante, como a experiência nos países desenvolvidos, principalmente, tem mostrado que a parte mais sensível do corpo humano é o bolso, uma das recomendações do Banco Mundial (BM) e da Organização das Nações Unidas (ONU) para reduzir o desperdício e a degradação da qualidade da gota d'água disponível em níveis nunca imaginados, é considerá-la como um recurso natural de valor econômico, ou seja, uma mercadoria com preço de mercado, como estabelece, aliás, o terceiro princípio da Lei Federal nº 9.433/97.

Por fim, é irrefutável a eficácia do instrumento da cobrança na luta contra a crise da água, pois, na linha do que sustenta apropriadamente Rodrigo Andreotti Musetti,[120] "entre outros fatores, o 'custo zero' dos serviços e recursos naturais conduz o sistema de mercado à hiperexploração do meio ambiente".

1.3. BRASIL: UM PAÍS RICO EM ÁGUA DOCE

Nosso país é privilegiado em relação à maioria dos demais Estados internacionais no tocante à sua disponibilidade de água doce. Realmente, o Brasil é um país de dimensões continentais dotado do maior rio (Amazonas) e aqüífero subterrâneo (Guarani) do mundo.

Apesar disso, a água é distribuída de modo desproporcional ao longo do território nacional, como bem destaca a seguinte reportagem jornalística:[121]

> O Brasil detém uma das maiores bacias hídricas da terra, com cerca de 15% da água doce superficial.[122] Tem ainda em parte de seu território a maior reserva de água doce subterrânea, o Aqüífero Guarani, com 1,2 milhão de quilômetros quadrados. Mas o contraste na distribuição é enorme. A Região Norte, com 7% da

---

[119] REBOUÇAS, 2003, p. 39.

[120] MUSETTI, Rodrigo Andreotti. *Da Proteção Jurídico Ambiental dos Recursos Hídricos*. São Paulo: LED, 2001, p. 87.

[121] CAMPANILI, Maura. Brasil: muita água, péssima distribuição. *O Estado de São Paulo*. São Paulo, p. A 16, 16 mar. 2003.

[122] Esse percentual não pode ser considerado de forma absoluta, pois grande parte dos especialistas referem que o Brasil detém um pouco menos, em termos percentuais, da água doce do mundo, variando as opiniões mais abalizadas entre 12% (*v.g.* WARTCHOW, Dieter. Prefácio. In BARLOW, Maude; CLARKE, Tony. *Ouro Azul*. São Paulo: M. Books, 2003, p. xiii) e 15% (*v.g.* SANTILLI, 2003, v. 1, p. 647.).

população, dispõe de 68% da água do País, enquanto o Nordeste, com 29% da população, tem 3%, e o Sudeste, onde vivem 43% dos brasileiros, conta com 6%.

Profissionais da área, no entanto, asseguram que, mesmo os Estados menos favorecidos na repartição dos recursos hídricos, possuem quantidade suficiente do líquido para satisfação de suas necessidades básicas,[123] e que o centro do problema nacional não está focado na distribuição da água, mas no seu gerenciamento.[124] É o que conclui Aldo da Cunha Rebouças,[125] *verbis:*

> Efetivamente, o que mais falta no Brasil não é água, mas determinado padrão cultural que agregue ética e melhore a eficiência do desempenho político dos Governos, da sociedade organizada 'lato sensu', das ações públicas e privadas, promotoras do desenvolvimento econômico em geral e dos recursos hídricos, em particular.

Ora, em que pese estejamos passando pela crise da água que assola o mundo – porque também fomos seus causadores[126] –, mas tendo ciência de que os recursos hídricos são fonte de riqueza no Século em curso, e possuindo substancial quantidade desse recurso ambiental, nosso País tem condições de reverter a atual situação desfavorável, terminando por beneficiar-se da escassez mundial, pois, resolvendo a questão da qualidade de suas águas, pode muito bem passar a ser um fornecedor de água potável para o mundo.[127] E uma coisa é certa: a valorização desse recurso ambiental será progressiva.

---

[123] Tangente à disponibilidade de água nas regiões mais carentes do líquido, merece transcrição esta passagem: "Verifica-se, entretanto, que mesmo nos estados relativamente menos aquinhoados da Região Nordeste ou naqueles das regiões mais desenvolvidas, a disponibilidade social de água doce nos rios é relativamente importante" (REBOUÇAS, Aldo da C. Panorama da Água Doce no Brasil. In: PANORAMAS da degradação do ar, da água doce e da terra no Brasil. São Paulo: IEA/USP, 1997, p. 59-105, p. 86.).

[124] Sobre o tema, transcreve-se parte das conclusões de Cid Tomanik Pompeu extraídas de artigo datado de 1977, e que evidenciam que as coisas não mudaram muito desde então, *verbis:* "O exame dos textos legais mais representativos revela cuidar-se, no Brasil, não apenas do aspecto repressivo do controle da poluição, mas da institucionalização de esquemas, administrativos e financeiros, capazes de assegurar resultados razoáveis e permanentes, dirigidos ao planejamento da evolução industrial brasileira. A permanente atualização das leis, bem como as alterações introduzidas no campo institucional, permitem acreditar que, mesmo em relação às áreas críticas de poluição, já delimitadas e objeto de medidas específicas, o Brasil está em condições de controlar, de modo satisfatório, a poluição das águas. Deve ser salientada, no entanto, a necessidade de maior coordenação entre os vários órgãos que atuam na área, pois, como foi visto, quase todos têm outras atribuições e, no confronto entre elas, é sempre a de controle da poluição que costuma ser postergada" (POMPEU, Cid Tomanik. Controle da Poluição Hídrica no Brasil. *Revista de Direito Administrativo,* Rio de Janeiro, n. 130, p. 425-439, out./dez. 1977, p. 438-439.).

[125] REBOUÇAS, op. cit., p. 62.

[126] Por exemplo, poluindo nossos corpos d'água.

[127] Nunca deixando de aplicar, por evidente, o princípio do desenvolvimento sustentável.

Mais, as abundantes águas brasileiras – tanto doces quanto salgadas –, uma vez novamente límpidas, poderão fazer de nosso País um grande centro turístico internacional, já que possui condições plenamente apropriadas para isso, visto contar com belezas naturais inestimáveis, como praias paradisíacas; aconchegantes cidades serranas; com a floresta Amazônica; com o Pantanal Matogrossense; com um grande número de fontes de águas termais, etc. Acrescente-se que nossa rede hoteleira normalmente é sub-utilizada e, se for o caso, pode ser ampliada de acordo com as necessidades da demanda. Outro fator de atração de estrangeiros é a desvalorização de nossa moeda em relação à dos países desenvolvidos, em especial dos Estados Unidos e dos países europeus, o que torna acessível para esses turistas a vinda ao Brasil. Por último, destaque-se que o desenvolvimento do turismo é fonte de emprego e preservação ecológica, além de ser um mercado em forte ascensão global, pois as pessoas estão cada vez mais estressadas com o ritmo da vida moderna, sentindo necessidade de aproveitar bem seus momentos de descanso, culminando por investir de forma crescente no lazer próprio e de suas famílias.

Para que isso se implemente, é imprescindível que a sociedade e o governo se conscientizem de que nosso País não precisa continuar tendo seu patrimônio natural explorado por outros Estados internacionais – como ocorre desde o Descobrimento –, estando em tempo de passar a usá-lo em seu próprio benefício, podendo assim transmudar, paulatinamente, seu conceito de país subdesenvolvido.

1.4. MERCANTILIZAÇÃO DA ÁGUA E PRIVATIZAÇÃO DOS SERVIÇOS DE DISTRIBUIÇÃO DOS RECURSOS HÍDRICOS

Hodiernamente, um dos aspectos mais polêmicos envolvendo a água diz com a sua transformação em mercadoria, o que representa o êxito da lógica do mercado e o triunfo dos grandes capitalistas mundiais, que objetivam o lucro. Os principais argumentos a embasar a privatização dos recursos hídricos consistem em afirmar que os bens públicos são geridos negligentemente, tanto que o mundo enfrenta verdadeira crise da água, e que o poder público não dispõe dos recursos financeiros necessários para investir no setor. De outro lado, há um crescente movimento social, capitaneado especialmente pelos ambientalistas, no sentido de se reafirmar a importância da água para a manutenção da vida na Terra e, conseqüentemente, impugnar-se a idéia de mercantilização dos recursos hídricos, como forma de assegurar a continuidade da vida.[128]

O livro "Ouro Azul", de autoria dos canadenses Maude Barlow e Tony Clarke – indispensável para quem estuda os recursos hídricos –, retrata com propriedade a lastimável realidade do comércio da água em nível mundial, assim como os interesses que estão em jogo.

Da obra extrai-se que atualmente "tudo está à venda".[129] Ou seja, mesmo aqueles bens antes fora do comércio, como serviços sociais e recursos naturais, que já foram considerados a herança de uma geração a outra, hoje integram o livre mercado. Os governos vêm abrindo mão de sua responsabilidade em proteger e gerenciar os recursos ambientais, passando a autoridade pela exploração dos mesmos a empresas privadas, que fazem dessa delegação um "negócio" como tantos outros. Segundo o Banco Mundial e as Nações Unidas, a água é conceituada como uma "necessidade humana", e não como um "direito humano". Essa distinção é de extrema relevância, na medida em que o segundo é inalienável, ao contrário da primeira.[130]

Segue o livro referindo que as corporações transacionais envolvidas com o "negócio" da água[131] são apoiadas pelo Banco Mundial e pelo Fundo Monetário Internacional,[132] deixando bem claros seus objetivos: com a crise da água, criou-se uma maravilhosa oportunidade de mercado para quem explora os recursos hídricos, devendo vigorar o princípio do lucro. Para tanto, entes privados estão assumindo a administração dos serviços públicos de água e aumentando drastica-

---

[128] CONFERÊNCIA NACIONAL DOS BISPOS DO BRASIL, p. 68-69.

[129] "Nessa economia de mercado global, tudo agora está à venda, até mesmo setores já considerados sagrados, como a saúde e a educação, cultura e herança, códigos genéticos, sementes e recursos naturais, incluindo o ar e a água" (BARLOW; CLARKE, 2003, p. 97-98).

[130] BARLOW; CLARKE, op. cit., p. xxiv.

[131] As francesas Vivendi Universal e a Suez, pioneiras na construção da indústria da água, somadas hipoteticamente, controlam mais de 70% do mercado da água mundial existente (Ibidem, p. 128).

[132] Acresça-se que a Associação Norte-Americana de Livre Comércio (NAFTA) e a Organização Mundial do Comércio (OMC) já declararam a água como mercadoria negociável, sendo classificada com um bem comercial, um serviço e um investimento (Ibidem, p. 116).

mente o seu preço[133] para os que dela necessitam fazer uso[134] – ou seja, para todos –, independentemente de terem condições ou não de suportar esse oneroso encargo.

Os canadenses advertem para o fato de que as corporações transnacionais têm-se multiplicado. Atualmente, as 200 maiores delas detêm tanto capital que suas vendas anuais somadas alcançam o total da soma das economias de 182 dos 191 países do mundo e que, das 100 maiores economias mundiais, 53 são corporações transacionais, e não nações.[135] As corporações conduzem a globalização contemporânea e, por intermédio da privatização dos serviços de água,[136] estão dominando esse setor em número cada vez maior de países. Um grande problema daí resultante é que, estando baseadas no lucro, as corporações aproveitam economicamente determinada área, esgotam os recursos nela existentes e se mudam.[137] Tal procedimento, por evidente, vem de encontro ao consagrado princípio ambiental do desenvolvimento sustentável que, na lição de Sílvia Cappelli,[138] "consiste em não expropriar da Terra mais do que ela possa repor, além de não comprometer seus recursos naturais".

Maude Barlow e Tony Clarke sublinham que a privatização da água, embora esteja atualmente "em sua infância", é, segundo os especialistas na área de investimentos, considerado o melhor setor do Século atual.[139] A exportação da água é um grande negócio. Efetivamente, o líquido vem sendo cada vez mais transportado pelo mundo, à semelhança do que ocorre com o petróleo há longa data. Para as empresas envolvidas no comércio mundial da água, a questão é singela: resume-se em fatores de suprimento e demanda, estando, do

---

[133] "Garantir tais rendas geradoras de lucro para a corporação significa cobrar preços mais altos pelos serviços de água. Desde que os serviços de água foram privatizados na França, por exemplo, as tarifas do consumidor aumentaram 150%" (Idem, p. 107).

[134] Ibidem, p. xxv.

[135] Ibidem, p. 100-101.

[136] É relevante destacar que as privatizações do setor têm incluído garantias de empréstimo e lucro, o que consta dos contratos de concessão, por meio dos quais os governos asseguram às concessionárias que terão lucro durante a contratação. Essas exigências têm partido dos bancos de desenvolvimento. Garantias de lucro restaram incluídas nos contratos de concessão de água para Cochabamba, Bolívia; Plzen, na República Tcheca; e Szeged, Hungria. Tais garantias financeiras saem, por evidente, dos bolsos dos contribuintes (Ibidem, p. 108-109).

[137] Ibidem, p. 87.

[138] CAPPELLI, Sílvia. O estudo de Impacto Ambiental na realidade brasileira. *Revista do Ministério Público do Rio Grande do Sul*, Porto Alegre, n. 27, p. 45-60, 1992, p. 46, nota 5.

[139] BARLOW; CLARKE, op. cit., p. 125-126.

lado do suprimento, países como o Brasil, ricos em água doce; e, na face da demanda, países e regiões carentes de recursos hídricos, como o Oriente Médio e a China. Facilitando o mercado, o transporte da água foi e está sendo cada vez mais viabilizado com o desenvolvimento de novas tecnologias, como por meio de bolsas de água, puxadas por rebocadores ao longo dos cursos d'água, e que podem ter capacidade muito superior à dos grandes navios-tanque; aquedutos (bastante utilizados hoje na irrigação agrícola); navios-tanque e superpetroleiros (que, estima-se, no futuro levarão petróleo ao seu destino e voltarão à origem carregados com água); canais; e mesmo por intermédio de água já engarrafada (atualmente o que mais cresce).[140] Tão sedutor é o comércio da água que hoje há uma grande disputa comercial entre a PepsiCo e a Coca-Cola, corporações gigantes que outrora concorriam apenas no mercado de refrigerantes, e que agora também contendem no segmento da água engarrafada.[141]

Porém, esses autores não se restringem a colocar em emersão a problemática da mercantilização e da privatização da água. Vão além, propondo uma visão que contempla a possibilidade de reversão do quadro acima retratado, apesar de reconhecerem que a tarefa não é simples. Dizem que as campanhas populares contrárias à privatização da água estão-se tornando cada vez mais internacionalizadas, asseverando que elas ganham impulsionamento quando juntam forças com outros grupos ambientais e de justiça social.[142] Por sintetizar uma série de aspectos importantes, merece transcrição o seguinte trecho de "Ouro Azul":[143]

> Embora os suprimentos de água mundiais estejam encolhendo e as corporações transnacionais estejam trabalhando bastante para colher lucros significativos desse escasso suprimento, não é tarde demais para reverter a situação. O acesso universal e eqüitativo à água é possível. Os suprimentos globais de água podem ser salvos daquelas pessoas que já os invadiram para usá-los em prol de seus próprios lucros. Os cidadãos privados não têm que parar e apenas observar o movimento das empresas engarrafadoras dentro de suas áreas, drenando seus aqüíferos, e enchendo seus próprios bolsos para depois irem embora. Os cidadãos não precisam conviver com a privatização dos serviços de água. As pessoas mais afetadas pelos gananciosos interesses privados na água

---

[140] BARLOW; CLARKE, 2003, p. 156 e 157.
[141] Ibidem, p. 175.
[142] Ibidem, p. 242 e 244.
[143] Ibidem, p. 272.

podem assumir as questões de água e evitar a destruição de suas bacias hidrográficas e a aquisição de sistemas de fornecimento de água. Os governos, até hoje, não assumiram a proteção da água, da qual depende a vida de seus habitantes. Assim, dependerá de organizações não-governamentais e de grupos de cidadãos mudar o modo como a água é obtida e distribuída, além de proteger este recurso vital para as próximas gerações.

Destaque-se que o Banco Mundial e o Fundo Monetário Internacional, ao fornecerem empréstimos aos países necessitados, condicionam a "ajuda" a uma gama de condições, como é de conhecimento comum. A partir de algum tempo, uma das condições da concessão de empréstimos,[144] bem como da renegociação de dívidas, é a privatização dos serviços de água.[145] Percebe-se, assim, a crueldade com que esses organismos internacionais atuam, coagindo países pobres e sem condições de transacionar a assumirem obrigações que são contrárias aos interesses de suas populações, já que a água deveria ser tratada, em todas as partes do mundo, como um bem público, insuscetível de apropriação por particulares, e, em especial, por gigantescas corporações internacionais, pois, se a lógica do mercado se cristalizar em nível global, apenas àqueles que possuem condições financeiras estará garantido o acesso à água, e não para os pobres,[146] que terão direitos fundamentais como a saúde, a vida e a dignidade da pessoa humana afetados letalmente.

---

[144] "O Banco Mundial, juntamente com outros organismos financeiros internacionais, está 'orientando' os países endividados a privatizarem seus serviços, sob o argumento de que o setor nesses países é supostamente incompetente. Os empréstimos a alguns países empobrecidos estão sendo condicionados à desregulação dos serviços de água e à abertura desses setores aos investimentos privados. Alguns países pobres como Moçambique, Benim, Nigéria, Gana, Ruanda, Honduras, Iêmen, Tanzânia, Camarões e Quênia se viram obrigados a privatizar seus serviços como condição para receber créditos do novo serviço para o crescimento e luta contra a pobreza do FMI. Em lugar de mitigar a pobreza, a privatização significa que as famílias empobrecidas deixam de dispor economicamente da possibilidade de acessar a água" (IRIGARAY, 2003, v. 1, p. 390-391).

[145] BARLOW; CLARKE, 2003, p. 91.

[146] Vladimir Passos Freitas noticia que a privatização da água é uma realidade em países da América do Sul – Chile e Argentina –, e que já existe no Estado do Espírito Santo, advertindo, porém, que "A preocupação maior vem com o abastecimento das populações carentes. Teme-se que a privatização possa resultar na negativa desse bem, indispensável para a sobrevivência. Evidentemente, há que se resguardar tal situação, sob pena de ofensa ao princípio constitucional da inviolabilidade do direito à vida (CF, art. 5º, *caput*). A Agência Nacional de Águas e as correspondentes agências estaduais deverão deixar bem claro esse aspecto ao concederem direitos de exploração. O ideal é que nada se cobre nessas situações, considerando tais volumes de água insignificantes (Lei 9.433, de 08.01.1997, art. 12, § 1º, incs. II e III)" (FREITAS, 2003, p. 22-23).

Não se prega a impossibilidade de comercialização da água, ou sua exportação. Pelo contrário, propomos que o Brasil invista na qualidade de seus recursos hídricos para que, dispondo de água potável excedente em relação ao seu consumo, possa, observado o princípio do desenvolvimento sustentável, fornecer esse bem àqueles países que dele careçam, recebendo em troca benefício econômico. O fato de a água ser indispensável à vida não a torna coisa fora do comércio. Todavia, o modelo ora preconizado distancia-se completamente da gestão econômica da água, pois, mantendo-se o monopólio do líquido nas mãos do Estado, este pode estabelecer relação comercial direta com outro país carente do recurso, que, o recebendo, e mantida a ética indispensável no tratamento da matéria, fornecerá aos que dele necessitem, de modo universal e com justiça social.[147]

Essa idéia a respeito do gerenciamento da água brasileira está em consonância com a legislação pátria, que, ao mesmo tempo em que baseia sua Política Nacional de Recursos Hídricos na dominialidade pública dos recursos hídricos, igualmente estabelece que a água é um bem dotado de valor econômico (art. 1º, I e II, da Lei nº 9.433/97).

Finalmente, vale o registro de que, entre 08 e 11 de outubro de 2003, na Capital gaúcha, foi realizado o "Fórum Internacional das Águas – A Vida em Debate". Nesse grande evento, que contou com a participação de milhares de pessoas, foi redigida a "Carta de Porto Alegre". Dito documento traz importantes considerações sobre as atuais polêmicas envolvendo a água, posicionando-se contrário à sua gestão econômica. Sobre o tema, transcrevemos parcialmente o texto:[148]

---

[147] Princípios alheios à filosofia do livre mercado da água.

[148] Em razão de seu rico conteúdo, reproduz-se, na íntegra, a referida "Carta": "Foram necessárias realizações fantásticas como dominar a tecnologia, de conquistar o espaço, de conhecer profundamente alguns que eram considerados há poucas décadas verdadeiros mistérios da humanidade, para que os seres humanos voltassem a prestar atenção nas riquezas do planeta Terra. Hoje, as condições dos recursos naturais dominam discussões globais, e isso não ocorre por acaso. O mundo atual, com seus quase 6 bilhões de habitantes, convive com as diferenças entre a abundância e a escassez, entre políticas reconhecidas e o descaso, entre a possibilidade de futuro sustentável e os desgovernos. O Fórum Internacional das Águas é cenário orgulhoso de uma das discussões, talvez a mais importante; a que fala sobre o nosso bem mais precioso: a Água. As declarações do Secretário Geral da ONU, Koffi Anan, publicadas em documento, ilustram bem o espírito que norteou nosso trabalho de estruturação temática e de conteúdo do evento. Ele disse: 'é provável que a água se transforme numa fonte cada vez maior de tensão e competição entre as nações, a continuarem as tendências atuais; mas também poderá ser um catalisador para viabilizar a cooperação entre os países'. As entidades promotoras, os apoiadores e os milhares de participantes deste Fórum Internacional das Águas selaram o compromisso de

A água deve ser totalmente excluída das negociações da OMC-Organização Mundial do Comércio, da ALCA e dos Tratados de Livre Comércio e não deve ser considerada como matéria de bens, serviços ou investimentos em nenhum acordo internacional, regional ou bilateral. Também rejeitamos os condicionamentos que impõem os organismos financeiros internacionais para liberação de empréstimos dirigidos à gestão de água, violando a soberania de nossos povos.

O que se espera é que essas palavras ecoem pelo mundo, repercutindo, ainda que pouco a pouco, em todos os seus recantos, porquanto são iniciativas assim que possibilitarão uma mudança de consciência global acerca de como deve ser gerenciado o recurso vital a que tanto nos referimos e defendemos.

---

possibilitar este momento de intensa troca entre diversas nações do mundo. Somos a partir de hoje, aqui, os avalistas de alternativas sustentáveis e dignas para um problema que não pode ser ignorado. Efetivamente, o uso dos recursos hídricos, disponíveis no planeta nas suas mais diversas formas de utilização, e a busca dos recursos financeiros para a necessária expansão dos serviços de abastecimento de água e adequado tratamento dos esgotos, têm se desenvolvido internacionalmente através de modelos de gestão contraditórios em seu caráter: o público e o privado. Já são inúmeros os exemplos de esgotamento de reservas naturais devido a gestões predatórias, calcadas na busca irresponsável de lucro financeiro transitório. Vários são os governos e comunidades organizadas que, constatando a ineficácia, revisaram e alteraram os processos de privatização. Por outro lado, muitas são as alternativas de gestões públicas eficientes, sustentáveis e éticas. A partir deste evento, no Rio Grande do Sul e em Porto Alegre, onde se desenvolvem exemplos dos mais bem sucedidos na gestão dos serviços de água, de esgotos e dos recursos hídricos, fortalecemos o repúdio às tentativas de privatização, reiterando a defesa do controle público dos recursos hídricos para o bem-estar de todos os homens e mulheres do planeta. Analisando as distintas experiências, não temos dúvidas de confirmar a maior eficácia daquelas que se sustentam nos princípios do caráter público, universal e socialmente controlado, daquelas que complementam a tendência da águas ser um catalisador de cooperação entre os países, não regulada pelas leis do mercado, mas única e simplesmente pelas leis do acesso universal: a água como um direito humano fundamental e inalienável. É imprescindível assegurar o acesso à água a cada um dos cidadãos de todos os países, independentemente da condição sócio-econômica na qual se encontrem. Para o desenvolvimento sustentado e a prosperidade dos povos, as gestões dos recursos hídricos e do saneamento ambiental necessitam estar integradas às demais políticas públicas, fortalecendo o poder local, as empresas públicas e os mecanismos de controle social dos serviços, reforçando a cooperação entre os entes federados e a participação da sociedade civil organizada. Para isto o planejamento e a gestão participativa com referência nas bacias hidrográficas, são fundamentais, bem como a revitalização e o reforço dos sistemas públicos de água para melhorar o nível de qualidade e eficiência. A água deve ser totalmente excluída das negociações da OMC-Organização Mundial do Comércio, da ALCA e dos Tratados de Livre Comércio e não deve ser considerada como matéria de bens, serviços ou investimentos em nenhum acordo internacional, regional ou bilateral. Também rejeitamos os condicionamentos que impõem os organismos financeiros internacionais para liberação de empréstimos dirigidos à gestão de água, violando a soberania de nossos povos. 'É preciso dar às pessoas o direito de beber água limpa, o direito de ter acesso à saúde, o direito de comer três vezes ao dia. Isso não custa muito caro'. Estas palavras do presidente do Brasil, Luiz Inácio Lula da Silva, traduzem o pensamento das instituições e organismos e participantes reunidos no FÓRUM INTERNACIONAL DAS ÁGUAS – A VIDA EM DEBATE."

1.5. ÁGUA SUBTERRÂNEA

Plauto preconizou, ainda antes de Cristo, que "O homem é o lobo do homem".[149] Essa afirmação encaixa-se primorosamente no comportamento humano verificado nos últimos tempos, quando tratamos da utilização de água subterrânea. Tendo a humanidade poluído as águas superficiais em praticamente todos os recantos do globo, gerando uma situação de escassez qualitativa e quantitativa, passou a explorar com mais intensidade a água que se encontra abaixo do solo, fazendo-o, no mais das vezes, sem a adoção das cautelas necessárias e independentemente de qualquer tipo de fiscalização de parte do poder público, resultando que esse bem ambiental vem sendo atingido nocivamente.

Ou seja, o homem não aprendeu a lição que lhe proporcionou a natureza ao enfrentar a séria crise da água superficial, insistindo em comportar-se de forma irresponsável igualmente no manejo dos recursos hídricos subterrâneos,[150] com isso gerando uma crise total de água, de modo a comprometer a existência desse indispensável bem.

O Conselho Nacional de Recursos Hídricos conceitua águas subterrâneas[151] como aquelas "que ocorrem naturalmente ou artificialmente no subsolo;", dispondo que aqüífero[152] é o "corpo hidrogeológico com capacidade de acumular e transmitir água através dos seus poros, fissuras ou espaços resultantes da dissolução e carreamento de materiais rochosos;". Assim, apesar de algumas vezes se perceber confusão feita entre as expressões,[153] podemos concluir que "Enquanto as águas subterrâneas correspondem ao conteúdo, os aqüíferos constituem o suporte

---

[149] BARELLI, Ettore; PENNACHIETTI, Sergio. *Dicionário das Citações*. São Paulo: Martins Fontes, 2001, p. 672.

[150] "Existem inúmeras evidências de que estamos esvaziando os aqüíferos em um ritmo totalmente insustentável, mas continuamos a perfurar nossos suprimentos de água subterrâneos porque não deixamos de poluir a água da superfície" (BARLOW; CLARKE, 2003, p. 246).

[151] Art. 1º, I, da Resolução CNRH 15/2001.

[152] Art. 1º, III, da Resolução CNRH 15/2001.

[153] Muitas vezes a confusão abrange também as águas minerais, sendo oportuno gizar que tais águas, de acordo com o Código das Águas Minerais (Dec.-lei nº 7.841/45, art. 1º), são "aquelas provenientes de fontes naturais ou de fontes artificiais captadas que possuam composição química ou propriedades físicas ou físico-químicas distintas das águas comuns, com características que lhes confiram uma ação medicamentosa". As águas minerais são enquadráveis na categoria de recursos minerais, de propriedade da União (art. 20, IX, da CF/88), e não dos Estados, possuindo tratamento jurídico diferenciado das águas subterrâneas "comuns", em que pese se encontrem no subsolo.

onde elas correm no subsolo".[154] Por ser importante ao entendimento deste estudo, é oportuno trazermos à baila também o conceito de lençol freático, que é o "Lençol de água subterrânea que se encontrava em pressão normal e que se formou em profundidade relativamente pequena".[155] O lençol freático, portanto, armazena água subterrânea mais próximo à camada superficial do solo.

A utilização de água subterrânea é *aparentemente* vantajosa para o homem, já que ela é *normalmente* de melhor qualidade e obtida a preço inferior ao da água tratada. O aumento da poluição hídrica e a necessidade de destinação adequada do esgoto sanitário, com o fim de implementação do saneamento básico, fazem com que o custo da água tratada esteja cada vez mais elevado. Isso tem motivado até mesmo os consumidores residenciais a investir na perfuração de poços artesianos. A propósito, inclusive o setor público vem ampliando a exploração de fontes subterrâneas. Agregue-se que a utilização de água subterrânea permite ao seu usuário não ser atingido pelos cada vez mais constantes racionamentos e rodízios de água tratada.

Todavia, os riscos que advêm dessa nova tendência são muitos, impondo-se que estejamos adequadamente informados sobre eles e agindo para minimizá-los.

Em primeiro lugar, como ainda não se tem uma noção definida sobre a utilização em larga escala de recursos hídricos do subsolo, entendemos que deva ser aplicado o princípio da precaução, segundo o qual "as pessoas e o seu meio ambiente devem ter em seu favor o benefício da dúvida quando haja incerteza sobre se uma dada ação os vai prejudicar".[156] No caso, como "Os estudos de detecção da contaminação de aqüíferos são ainda limitados e o conhecimento real da extensão do problema é praticamente inexistente",[157] as cautelas na perfuração e uso de poços artesianos deve ser redobrada, adotando-se esse mecanismo de abastecimento de água apenas para os casos realmente necessários, quando não haja vedação legal, e desde que técnicos competentes acompanhem cada etapa do procedimento, inclusive

---

[154] SILVA, Solange Teles da. Aspectos Jurídicos da Proteção das Águas Subterrâneas. *Revista de Direito Ambiental,* São Paulo, a. 8 , n. 32, p. 159-182, dez. 2003, p. 162.
[155] GRANZIERA, 2001, p. 42.
[156] SILVA, L., 2003, v. 1, p. 710.
[157] HIRATA, Ricardo. Gestão dos Recursos Hídricos Subterrâneos. In: CONGRESSO INTERNACIONAL DE DIREITO AMBIENTAL, 7., 2003, São Paulo. *Direito, Água e Vida.* São Paulo: Imprensa Oficial, 2003, v. 1, p. 785-796.

com monitoramento periódico das análises de potabilidade da água. Assim, verifica-se o risco existente na incerteza das conseqüências da superexploração dos aqüíferos.

Outro fator de preocupação é a contaminação das águas subterrâneas. Os focos de contaminação são vários, destacando-se a infiltração da matéria líquida oriunda de "lixões" irregulares e de cemitérios; os vazamentos sanitários, de combustíveis, fertilizantes, agrotóxicos, resíduos de mineração, produtos oriundos das indústrias; a poluição das águas superficiais, que, por vezes, contamina os lençóis freáticos, atingindo a água subterrânea; dentre outros.

Ademais, também nos deparamos com a diminuição no reabastecimento dos aqüíferos, seja pela superexploração; pela crescente ocupação humana próxima das áreas de recarga, por onde o aqüífero se realimenta com a água da chuva; pelo fenômeno da impermeabilização do solo decorrente das pavimentações, que impedem a absorção, pela terra, da água que precipita como parte do ciclo hidrológico; etc.

Constata-se, pois, que a inocente perfuração de um poço artesiano não é irrelevante para o meio ambiente, posto que se deve considerar o conjunto de perfurações do solo e a repercussão dessa ação em nível global.

Acrescente-se que a perfuração de muitos poços uns perto dos outros acarreta um rebaixamento do lençol freático, diminuindo o nível da água do subsolo. Com o tempo, há necessidade de aprofundamento da perfuração para que se alcance a água, até que, para surpresa dos inadvertidos acerca da possibilidade de esgotamento do recurso, o poço simplesmente seca. A principal causa dessa ocorrência é o consumo superior aos limites de recarga do aqüífero.[158] Outro problema decorrente da baixa do lençol freático acontece nos aqüíferos existentes na região do litoral, que podem sofrer contaminação em razão da entrada de água do mar nos reservatórios subterrâneos.

Vladimir Passos de Freitas leciona[159] que, se de um lado, as águas subterrâneas estão mais protegidas da poluição que os corpos d'água

---

[158] "A extração de água de um aqüífero nunca deve exceder suas recargas, ou seja, deve-se aplicar a filosofia de desenvolvimento sustentável em matéria de águas subterrâneas, pois caso a extração ultrapasse a recarga natural por longos períodos corre-se o risco dos aqüíferos sofrerem depleção (lençol freático começa a baixar)" (SILVA, S., 2003, p. 175).
[159] FREITAS, Vladimir Passos de. Sistema Jurídico brasileiro de controle da poluição das águas subterrâneas. *Revista de Direito Ambiental*, São Paulo, a. 6, n. 23, p. 53-66, jul./set. 2001, p. 56.

superficiais, por outro, uma vez poluídas, demoram milhares de anos para retornarem ao *status quo ante*, ao contrário do que ocorre com os rios, que, em 15 ou 20 dias, se renovam. Mais, o investimento na remediação das áreas degradadas é economicamente impraticável, como adverte Ricardo Hirata.[160] Esse autor relata que, na década de 1980, os Estados Unidos da América investiram pesados recursos na limpeza de aqüíferos bastante contaminados, porém seus resultados foram pouco efetivos.

Desse modo, devemos investir na prevenção da contaminação e na proteção cada vez mais intensa dos aqüíferos.

A prevenção passa pela adoção de uma série de medidas, como a limitação do consumo humano de água subterrânea apenas para as hipóteses de necessidade; a opção por poços tubulares em detrimento de poços escavados, pois estes são mais vulneráveis à poluição;[161] a observância de todas as exigências legais; o acompanhamento técnico constante e em todas as fases da extração da água do subsolo, etc.

A proteção dos aqüíferos em fase de implantação e dos já construídos deve ser feita com base nas técnicas hoje disponíveis, destacando-se "os perímetros de proteção dos poços" e a "observância da cartografia de vulnerabilidade à contaminação do aqüífero", as quais podem ser conjugadas, como sustenta Ricardo Hirata. Segundo ele, "O primeiro tem como foco a proteção da captação ou do manancial, delimitando várias zonas ao redor do poço. O segundo, mais amplo e voltado ao aqüífero, define a susceptibilidade do aqüífero em ser degradado por um evento antrópico de contaminação".[162] O mecanismo protetivo mais simples, que é o do estabelecimento de perímetros de proteção dos poços, por meio de zoneamentos do seu entorno, encontra forte barreira nas áreas já ocupadas, em especial nas urbanas, pois exige que o traçado que circunda o poço, normalmente de grandes dimensões, tenha sua utilização restrita, porquanto passa a ser área cuja prioridade é a proteção da água retirada do subsolo por intermédio do poço zoneado. Para finalizar, ressalte-se que a proteção dos aqüíferos igualmente se dá quando se preconiza um correto tamponamento dos poços abandonados, o que deve ser estimulado e fiscalizado pelo poder público.

---

[160] HIRATA, 2003, v. 1, p. 785.
[161] REBOUÇAS, 1997, p. 90.
[162] HIRATA, 2003, v. 1, p. 786.

Toda a preocupação envolvendo as águas do subsolo se justifica por sua importância. No nosso entendimento, a primordial função das águas subterrâneas é servir como fonte de reserva, ou seja, de recurso estratégico[163] que deveria ser utilizado pelo homem apenas quando a água superficial não estivesse mais disponível para ser consumida, ou naquelas regiões deficitárias ou desprovidas de água acima do solo, como vem ocorrendo desde as civilizações antigas, que, frente a necessidades de origem natural, faziam uso da água depositada debaixo da superfície terrestre.

Ana Cláudia Bento Graf anota[164] que "Na Arábia Saudita, Dinamarca e Malta, as águas subterrâneas constituem o único recurso hídrico disponível, conforme relatórios do Banco Mundial. Na Áustria, Alemanha, Bélgica, França, Hungria, Itália, Marrocos, Holanda, Rússia e Suíça, mais de 70% da demanda de água são atendidos por mananciais subterrâneos". No Brasil, as Cidades de Estrela, no Rio Grande do Sul, e Ribeirão Preto, em São Paulo, são integralmente abastecidas por água potável oriunda do Aqüífero Guarani.[165]

Os cuidados com a água subterrânea igualmente se assentam no seguinte fato:

> Ela é fonte fundamental de suprimento da umidade do solo que dá suporte ao desenvolvimento da cobertura vegetal – natural ou cultivada. Além disso, ela é fonte primordial de regularização dos fluxos dos rios durante os períodos de estiagem, e de abastecimento em geral, à medida que é extraída de forma adequada por meio de poços, fontes ou nascentes e outras formas de captação.[166]

Por derradeiro, devemos dar grande atenção às águas subterrâneas porque contamos com o maior reservatório de água doce do mundo, o Aqüífero Guarani, outrora denominado Aqüífero Botucatu, por ter sido descoberto na Cidade paulista de Botucatu.

Esse aqüífero estende-se pelos Estados brasileiros de Mato Grosso do Sul, Mato Grosso, Goiás, Minas Gerais, São Paulo, Paraná, Santa Catarina e Rio Grande do Sul, além de se prolongar por Argentina, Paraguai e Uruguai. Sua área equivale aos territórios de Espanha, França e Inglaterra somados, sendo que dois terços dela se localizam no Brasil.[167]

---

[163] "A proteção das águas subterrâneas é uma questão estratégica. No Brasil, mais da metade de água de abastecimento público provém das reservas subterrâneas" (SILVA, S., 2003, p. 159).
[164] GRAF, 2003, p. 62.
[165] FLOR, Ana. Um mar submerso. *Zero Hora,* Porto Alegre, p. 39, 24 mar. 2002.
[166] REBOUÇAS, 1997, p. 88.
[167] BARLOW; CLARKE, 2003, p. xv.

Somos, assim, depositários de uma importantíssima reserva de água doce, não nos sendo dado o direito de negligenciar na sua preservação, já que os recursos hídricos contidos no Guarani podem ser imprescindíveis no futuro, mesmo sabendo-se que Aqüífero "está sofrendo as conseqüências da poluição e da perfuração desordenada de poços".[168]

Visando a preservar e a proteger o reservatório subterrâneo, foi firmado, em maio de 2003, um programa entre os países alcançados pelo Guarani, consoante a seguinte matéria:[169]

> Representantes de Brasil, Argentina, Uruguai e Paraguai assinaram em Montevidéu o Projeto Aqüífero Guarani, avaliado em US$ 27,24 milhões.
>
> O programa inclui convênios sobre medidas para controlar a extração de água subterrânea, organizar um banco de dados comum e aplicar mecanismos que previnam a contaminação, uma das principais ameaças à utilização futura dos recursos hídricos.

O lançamento do referido Projeto e a realização de um seminário sobre o Aqüífero ocorreu meses depois, em 17 de setembro de 2003, no Município de Ribeirão Preto, São Paulo, quando uma das preocupações surgidas no seminário foi os cuidados que devem ser tomados nas áreas de recarga, onde a "lâmina d'água está mais próxima da superfície, a cerca de 40 metros. Nesses locais, a taxa de ocupação do solo tem de ser pequena".[170]

Medidas como essas são extremamente salutares, pois a contaminação em determinado ponto do Aqüífero transfronteiriço pode atingir a população de outro país. A preservação proporcionada por um Estado não pode encontrar apenas degradação por parte de seu país vizinho. Além disso, podem servir de modelo para o próprio Brasil, que deve empreender esforços para que seus oito Estados-Membros beneficiados com as águas do Guarani também passem a tomar providências conjuntas de prevenção e proteção do reservatório comum a eles.

Assim, é imperativo que se chegue à conclusão de que a perfuração de poços artesianos, ou mesmo a utilização daqueles já em uso,

---

[168] RODRIGUES, 2002, p. 79.

[169] GERCHMANN, Léo. Mercosul assina acordo para proteger aqüífero. *Folha de São Paulo*, São Paulo, p. A 15, 23 maio 2003.

[170] BALAZINA, Afra. Brasil e vizinhos lançam plano para proteger aqüífero Guarani. *Folha de São Paulo*, São Paulo, p. C 5, 18 set. 2003.

depende de licenciamento ambiental,[171] uma vez que a atividade concernente à utilização do recurso ambiental *sub examine* é efetiva e potencialmente poluidora, sendo capaz de causar degradação ambiental. Em tais hipóteses, o licenciamento é indispensável, na forma do art. 10 da Lei nº 6.938/81, e independente da necessidade de outorga, prevista no art. 12, II, da Lei nº 9.433/97, porquanto os instrumentos têm fundamentos e objetivos diversos.

Acrescente-se que os órgãos administrativos responsáveis pela expedição da licença, sejam de que esfera de governo forem, têm a *obrigação* de exigir o licenciamento ambiental e de fiscalizar a observância dos condicionamentos nela constantes, pois sua atuação é vinculada ao princípio da legalidade, forte no art. 37, *caput*, da Constituição Federal. Assim agindo, estará o Estado implementando relevante atividade na defesa da água.

---

[171] Solange Teles da Silva compartilha do mesmo entendimento, como se constata pela seguinte passagem de seu texto: "Cabe à Administração Pública Estadual realizar um controle da exploração e utilização das águas subterrâneas, através das outorgas do direito de uso, da cobrança pelo uso da água e também por meio do *licenciamento ambiental* [grifou-se], tendo como objetivo a realização do interesse público" (SILVA, S., 2003, p. 178).

2. Aspectos jurídicos

2.1. PUBLICIZAÇÃO DA PROPRIEDADE DA ÁGUA

No presente tópico, será analisado o tratamento dado à matéria pelo Código Civil de Bevilaqua, pelo Código de Águas, pela Constituição Federal de 1988, pela Lei da Política Nacional de Recursos Hídricos e pelo Código Civil de 2002, terminando-se por enquadrar a água na classificação dos bens públicos.

2.1.1. A propriedade privada da água no Código Civil de 1916

O movimento das codificações – iniciado no Século XVIII, que deu origem ao Código Napoleônico, em 1804, e, a partir daí, se espalhando para os demais países que adotaram o sistema do direito romano-germânico – teve como princípio a completude da lei codificada, de tal modo que não poderia haver lacunas.[172]

Com base nessa orientação principiológica, o Código Civil brasileiro do início do Século XX procurou, no tocante aos limites da propriedade privada, não deixar margem a qualquer dúvida, estabelecendo o seu art. 526 que:

---

[172] Tomando-se a discussão travada em torno da codificação do direito na Alemanha, importa transcrever o pensamento de Thibaut (defensor da codificação), nas palavras de Norberto Bobbio: "Thibaut prossegue ilustrando os dois requisitos fundamentais que uma boa legislação deve apresentar, isto é, *a perfeição formal* e a *perfeição substancial*. A legislação deve ser perfeita formalmente, isto é, deve enunciar as normas jurídicas de modo claro e preciso; e deve ser perfeita substancialmente, isto é, deve conter normas que regulem todas as relações sociais" (BOBBIO, Norberto. *O Positivismo Jurídico*: lições de filosofia do direito. São Paulo: Ícone, 1995, p. 58-59.).

> A propriedade do solo abrange a do que lhe está superior e inferior em toda a altura e em toda a profundidade, úteis ao seu exercício, não podendo, todavia, o proprietário opor-se a trabalhos que sejam empreendidos a uma altura ou profundidade tais, que não tenha ele interesse algum em impedi-los.

O princípio geral da propriedade imobiliária adotado pelo Código Civil vigente até 11 de janeiro de 2003 estava manifesto – mesmo utilizando-se as técnicas mais simples conhecidas em hermenêutica –, consistindo na premissa de que a propriedade do solo abrange a do sobre e a do subsolo.

A linha principiológica referida tem sua origem no direito romano. Como leciona Solange Teles da Silva,[173] o dono do terreno poderia dispor da água que encontrasse ao fazer escavações. Essa regra conservou-se por séculos. Mas nem toda água – superficial ou subterrânea – era privada, caracterizando-se como pública ou particular de acordo com o terreno onde se encontrasse.

Interessa-nos, no campo de estudo do domínio da água, o solo e o subsolo – e não o que é superior ao solo –, pois é neles que a água fica depositada.

Não havendo maiores dúvidas em torno de que o solo é a face visível do terreno, torna-se prudente explicitar que o "subsolo, enfim, é o 'infera' dos romanos, consistindo nas substâncias que existem nas vísceras da terra, como os minerais, as pedras, as águas, etc.".[174]

Vê-se, pois, que, estando a água integrada ao subsolo, pertencia ao titular do bem imóvel, já que o limitador da profundidade não excluía a porção do terreno compreendida entre a superfície e o alcançamento da água, em razão da inegável *utilidade* desta para o proprietário, ainda que potencial, configuradora de seu *interesse* jurídico na coisa até aquela camada subterrânea.

Clóvis Beviláqua aborda[175] com clareza as limitações, no sentido vertical, à propriedade imobiliária, segundo o Código revogado:

> O proprietário do imóvel estende seu direito à superfície, inclusive o espaço aéreo correspondente, e ao subsolo, em prolongamento vertical da porção de solo, correspondente à superfície. Mas a propriedade é noção econômica, a sua extensão deve corresponder à sua utilidade; é, também um fenômeno social,

---

[173] SILVA, S. 2003, p. 166.
[174] SANTOS, J. M. Carvalho. *Código Civil Brasileiro Interpretado*. 7.ed. São Paulo: Freitas Bastos, 1961, v. 7, p. 299.
[175] BEVILÁQUA, Clóvis. *Código Civil dos Estados Unidos do Brasil*. Rio de Janeiro: Ed. Rio, 1979, p. 1007.

deve adaptar-se às necessidades da vida coletiva. Sob o influxo da sociologia e da economia política o direito imprime à propriedade a forma, que ela deve ter. Por isso, ainda reconhecendo que a coluna atmosférica acima do solo e as camadas do subsolo pertencem ao proprietário do terreno, a lei civil estabelece limites a êsse direito, tomando por medida a utilidade.

Pontes de Miranda igualmente assevera[176] que o titular do domínio somente pode impedir a intromissão de terceiros na propriedade se ele tiver interesse em proibi-la. Tal não ocorre, *v.g.*, quando se trata da passagem de aeronave pelo espaço aéreo que está acima do solo, hipótese em que o proprietário não detém direito subjetivo a obstar o trânsito do veículo.

O art. 526 do Código de 1916 teve influência dos Códigos Civis da Suíça e da Alemanha, como ressalta Miguel Maria de Serpa Lopes. O diferencial entre as normas alienígenas foi que, enquanto o Código suíço adotou o critério da *utilidade* como ponto fundamental da limitação vertical, o alemão optou pelo critério do *interesse*. Já o Código brasileiro "elegeu um sistema que envolve os dois requisitos supramencionados, os quais não são incompatíveis. Assim, no apreciar os limites verticais de uma propriedade, o Juiz terá que se ater ao critério da 'utilidade' conjugado com o do 'interesse'".[177]

Diversa é a concepção dos limites verticais da propriedade imobiliária adotada pelo sistema jurídico argentino, que, no art. 2.518 de seu Código Civil, disciplina a propriedade como se estendendo a toda profundidade e altura perpendiculares ao solo, sem qualquer limitação. A doutrina, contudo, sustenta que a extensão não é tão ampla assim, pois o titular do domínio exercerá seu direito até onde seja possível, sendo ilógico que o direito do proprietário atingisse profundidades inexploradas.

Retomando o sistema positivo pátrio, constata-se que, rompendo com a regra geral do art. 526 do Código Civil ultrapassado, o Código de Minas brasileiro veio a destacar a propriedade do solo e do subsolo sempre que existirem jazidas.[178] Mas, deixando-se de lado essa hipó-

---

[176] MIRANDA, Pontes de. *Tratado de Direito Privado*. 2. ed. Rio de Janeiro: Borsoi, 1958, v. 11, Direito das coisas: Propriedade. Aquisição da propriedade imobiliária, p. 12.

[177] LOPES, Miguel Maria de Serpa. *Curso de Direito Civil*. Rio de Janeiro: Freitas Bastos, 2001, v. 6: Direito das coisas: Princípios gerais, posse, domínio e propriedade imóvel, p. 467-468.

[178] O Código de Minas foi instituído pelo Decreto-lei nº 1.985/40, cujo art. 4º tem a seguinte redação: "A jazida é bem imóvel, distinto e não integrante do solo. A propriedade da superfície abrangerá a do sub-solo, na forma do direito comum, não incluída, porém, nesta a das substâncias minerais ou fósseis úteis à indústria.". Posteriormente, o Decreto-lei nº 227/67 deu nova redação

tese – por não ser do nosso interesse neste campo de debate –, é possível afirmar que, baseado na Codificação de 1916, o senhor do bem poderia explorar como suas – e de fato eram – outras riquezas localizadas no subsolo – como a água –, no tempo em que viesse a tomar conhecimento dela, ou que lhe fosse mais interessante.

Nesse sentido, merece transcrição a seguinte passagem extraída de abalizada doutrina:

> Suponha-se que no subsolo haja qualquer daqueles materiais, cuja exploração, nos têrmos do Código de Minas, não está sujeita ao regulamento relativo à exploração das minas. Pode o proprietário do solo não estar explorando a retirada dêsses materiais, mas nem por isso deixa de lhe pertencer o subsolo, onde êles se encontram, por que aí existe patente o seu interêsse em impedir que outrem venha a fazer a exploração. Interêsse econômico, que é o mais característico dentre todos os demais.[179]

2.1.2 O advento do Código de Águas

O Código de Águas[180] é instituto superveniente ao Código Civil de 1916 – datando de 10 de julho de 1934 –, e disciplinou, em seus três primeiros capítulos, as águas públicas, as comuns e as privadas, mantendo, desse modo, a possibilidade de que o domínio da água estivesse nas mãos de particulares.

Segundo o Estatuto, foram mantidas as raízes principiológicas do art. 526 do Código Civil, com o acréscimo de que serão privadas as águas se não estiverem classificadas como comuns ou públicas, *verbis:* "Art. 8º – São particulares as nascentes e todas as águas situadas em terrenos que também o sejam, quando as mesmas não estiverem classificadas entre as águas comuns de todos, as águas públicas ou as águas comuns".

Relativamente às águas subterrâneas, o art. 96 do Decreto 24.643/34 prevê o seguinte:

> Art. 96. O dono de qualquer terreno poderá apropriar-se por meio de poços, galerias etc., das águas que existem debaixo da superfície de seu prédio contanto que não prejudique aproveitamentos existentes nem derive ou desvie de

---

ao Diploma legal referido, mantendo, porém, as mesmas regras no que concerne à propriedade da jazida, nos exatos termos de seu art. 84: "a jazida é bem imóvel, distinto do solo onde se encontra, não abrangendo a propriedade deste o minério ou a substância mineral útil que a constitui".

[179] SANTOS, 1961, p. 311-312.
[180] Decreto nº 24.643/34.

seu curso natural águas públicas dominicais, públicas de uso comum ou particulares.

Após essa fase, a tendência da legislação brasileira, inclusive no plano constitucional, foi a da publicização do domínio das águas, culminando com a extinção da propriedade particular desse bem pela Constituição Federal de 1988.[181]

Destaque-se que o Código de Águas não foi recepcionado pela Carta Magna de 1988 na matéria pertinente à propriedade privada dos recursos hídricos, e foi derrogado em todos os demais dispositivos que contrariam a Lei n° 9.433/97. Permanecem, contudo, vigorando suas regras que não sejam conflitantes com a Lei da Política Nacional de Recursos Hídricos, como bem destaca Vladimir Passos de Freitas: "Alguns dispositivos deste antigo diploma ainda estão em vigor e são relevantes".[182]

2.1.3. A Constituição Federal e o regime das águas

Consoante o Texto Constitucional, as águas são bens da União[183] ou dos Estados.

A grande inovação consistiu na disposição que inclui entre os bens dos Estados "as águas superficiais ou subterrâneas, fluentes, emergentes e em depósito, ressalvadas, neste caso, na forma da lei, as decorrentes de obras da União;" (art. 26, I), na medida em que aquelas de propriedade da União não diferem muito da previsão feita pelo art. 4°, II, da Constituição de 1969.[184]

---

[181] Virgínia Scheibe leciona: "Outro aspecto significativo, na disciplina constitucional das águas, é a extinção da propriedade privada sobre elas, consoante o salientado por significativo segmento doutrinário, em face da previsão de propriedade somente da União e dos Estados, sobre todos os corpos d'água, derrogando, pois, o Código Civil e o Código de Águas, no que diz com o ponto. Vale dizer que, sob a ótica daqueles doutrinadores, consoante a nova disciplina, o proprietário da terra não é mais proprietário dos recursos hídricos (superficiais ou subterrâneos) nela existentes, permanecendo, entretanto, na condição de utente e seu detentor e administrador. Administrador da coisa pública, diga-se, pois, no atual regime, a água é um bem público, bem de uso comum do povo, na clássica definição civilista" (SCHEIBE, 2002, p. 209-210).

[182] FREITAS, Vladimir Passos de. Poluição de Águas. In: FREITAS, Vladimir Passos de (Org.). *Direito Ambiental em Evolução*. Curitiba: Juruá, 1998, p. 361-379, p. 364.

[183] "Art. 20. São bens da União: III – os lagos, rios e quaisquer correntes de água em terrenos de seu domínio, ou que banhem mais de um Estado, sirvam de limites com outros países, ou se estendam a território estrangeiro ou dele provenham, bem como os terrenos marginais e as praias fluviais;"

[184] Trata-se, na verdade, de nova Constituição – já que o texto foi integralmente reformulado –, e não de simples emenda constitucional à Constituição de 1967, sendo que esta Emenda serviu

Analisando-se sistematicamente a Carta Magna, é possível afirmar que a retirada das águas da titularidade privada para sua inclusão integral[185] como próprio estatal[186] está associada com o princípio regente na Lei Maior de 1988 de que a propriedade, embora assegurada (art. 5º, XXII), atenderá sua função social (art. 5º, XXIII).

E nada mais importante do que a água – bem cuja escassez é cada vez maior e constitui necessidade de todos –, de tal sorte que ela não pode ser mantida nas mãos de alguns, mas do Estado,[187] que deverá garantir a sua distribuição isonômica, com isso evitando, no mínimo, uma sociedade menos injusta e desigual.[188]

Maria Luiza Machado Granziera retrata com primazia as origens sociológicas da publicização das águas, nos termos que seguem:

> Quanto maior a importância de um bem à sociedade, maior a tendência a sua publicização, com vista na obtenção da tutela do Estado e da garantia de que todos poderão a ele ter acesso, de acordo com os regulamentos estabelecidos. No que se refere às águas, as coisas não se passam de forma diferente.[189]

Por fim, ainda no tocante aos arts. 20, III, e 26, I, da Carta Magna, sua redação deixa claro que as águas subterrâneas, mesmo que banhem mais de um Estado, pertencem integralmente àquele Estado-Membro sob o qual estão depositadas, e não à União. Assim ocorre, *v.g.*, com

---

apenas como forma de outorga. Nas palavras de José Afonso da Silva: "Teórica e tecnicamente, não se tratou de emenda, mas de nova constituição" (SILVA, J., 2003, p. 87).

[185] Mesmo as águas pluviais devem ser consideradas públicas, na medida em que seu represamento impede o curso normal do líquido, que, caindo (no) ou fluindo para o solo, a este se integraria, ou culminaria sendo armazenado no subsolo. Trata-se, portanto, de recursos hídricos da União ou dos Estados, conforme for o local onde a chuva ocorrer.

[186] Maria Luiza Granziera discorre sobre o tema com autoridade e de forma taxativa: "No que se refere à caracterização da água como bem público, importa mencionar, logo de início, que a partir da promulgação da Constituição Federal de 1988, ficou definido que todas as águas pertencem à União ou aos Estados, incluído o Distrito Federal, conforme sua localização" (GRANZIERA, 2001, p. 90).

[187] Maude Barlow e Tony Clarke pregam que, com a finalidade de proteger a água, os governantes de todo mundo deveriam declarar que a água de seus territórios é bem público, *verbis:* "Ou seja, a água não deveria ser privatizada, transformada em mercadoria, comercializada ou exportada em grande volume com propósitos comerciais. Para assegurar que esta comercialização excessiva não acontecerá, os governos têm de tomar uma ação imediata no mundo inteiro, declarando que as águas de seus territórios são um bem público e criar legislação para protegê-las" (BARLOW; CLARKE, 2003, p. 268).

[188] A Constituição Federal dispõe o seguinte "Art. 3º Constituem objetivos fundamentais da República Federativa do Brasil: I – constituir uma sociedade livre, justa e solidária; III – erradicar a pobreza e a marginalização e reduzir as desigualdades sociais e regionais".

[189] GRANZIERA, op. cit., p. 90.

o Aqüífero Guarani, que banha oito Estados brasileiros, e, embora também adentre no território de outros países, não integra os bens da União Federal. Apesar de haver divergência doutrinária a respeito do tema,[190] inexiste suporte constitucional para se chegar a conclusão diversa, não sendo apropriado o exame da legislação infraconstitucional no que pertine à matéria, já que a controvérsia se resolve com base na aplicação da Lei Maior.

2.1.4. A Lei da Política Nacional de Recursos Hídricos

Passados muitos anos desde a entrada em vigor da Constituição Federal atual, que não recepcionou a legislação infraconstitucional nos pontos em que estabelecia a propriedade privada sobre as águas, em 8 de janeiro de 1997, visando a regulamentar o art. 21, XIX, da Constituição, veio a ser publicada a Lei nº 9.433, instituindo a Política Nacional de Recursos Hídricos, a qual foi assentada nos fundamentos de que trata o art. 1º da Lei, sendo o primeiro deles a disposição categórica de que "a água é um bem de domínio público", cristalizando-se, por meio da legislação infraconstitucional, aquilo que a Lei Magna já havia instituído, ou seja, a publicização integral da propriedade da água.

Foi após a edição dessa Lei que a comunidade jurídica passou a sustentar com mais vigor a tese da extinção integral da propriedade privada dos recursos hídricos. Podemos citar, exemplificativamente, que endossam tal posicionamento Paulo Afonso Leme Machado,[191]

---

[190] Jorge Calasans e outros, de um lado, sustentam: "Ora, mesmo que existam interpretações divergentes quanto à dominialidade sobre as águas subterrâneas, a Constituição não deixa dúvidas quanto à dominialidade de águas que 'banham' o território de mais de um estado. Estas são, sempre, de domínio da União" (CALASANS, Jorge Thierry et al. A Política Nacional de Recursos Hídricos: uma avaliação crítica. In: CONGRESSO INTERNACIONAL DE DIREITO AMBIENTAL, 7., 2003, São Paulo. *Direito, Água e Vida*. São Paulo: Imprensa Oficial, 2003, v. 1, p. 595). Por outro lado, e com mais razão, Vladimir Passos de Freitas é incisivo: "O domínio das águas subterrâneas pelos Estados não é aceito de forma pacífica. Há quem sustente que pertencem à União as águas subterrâneas que ultrapassam as divisas de um Estado-membro. Tal interpretação, todavia, não convence, pois o constituinte não fez distinção entre as águas situadas apenas em uma unidade da Federação e aquelas que se estendem por duas ou mais unidades. Aplica-se aqui a máxima: *in claris cessat interpretatio*" (FREITAS, Vladimir Passos de. Sistema Jurídico Brasileiro de Controle da Poluição das Águas Subterrâneas. *Revista de Direito Ambiental*, São Paulo, a. 6, n. 23, p. 53-66, jul./set. 2001, p. 57).

[191] MACHADO, Paulo Afonso Leme. *Recursos Hídricos: direito brasileiro e internacional*. São Paulo: Malheiros, 2002, p. 26.

José Afonso da Silva,[192] Vladimir Passos de Freitas,[193] Fernando Quadros da Silva,[194] Aldo da Cunha Rebouças,[195] Lydia Neves Bastos Telles Nunes,[196] Ana Cláudia Bento Graf,[197] Maria Luiza Machado Granziera,[198] Rodrigo Andreotti Musetti,[199] Juliana Santilli.[200] Contudo, a tese referida não é acolhida de forma unânime, havendo posições contrárias a ela, como é o caso de Maria Sylvia Zanella Di Pietro, para quem, com base no Código de Águas, as águas classificam-se em quatro categorias: públicas, comuns, particulares e comuns de todos.[201]

2.1.5. A abordagem do tema pelo Código Civil de 2002

O novo Código Civil[202] entrou em vigor no dia 11 de janeiro de 2003 com a missão de introduzir no cenário nacional modificações substanciais na vida diária dos brasileiros.

Extrai-se do pronunciamento de Miguel Reale – Coordenador-Geral do Projeto de Lei do Código Civil –, feito na sessão de 29/11/2001, como membro da Academia Paulista de Letras,[203] que o início da elaboração do Texto Civil é anterior a 1975, pois foi nesse ano que o Presidente Ernesto Geisel o submeteu à apreciação da Câmara dos Deputados – como Projeto de Lei 634-D[204] –, com base em trabalho de uma Comissão formada por sete membros. No Congresso Nacional, o Projeto contou com mais de mil emendas na Câmara dos Deputados e de quatrocentas no Senado Federal, e, ao longo de mais de três décadas, foi consideravelmente atualizado, sobretudo em razão da superveniência da Constituição Federal de 1988.

---

[192] SILVA, J., 2000, p. 117.
[193] FREITAS, 2003, p. 20.
[194] SILVA, F., 1998, p. 81.
[195] REBOUÇAS, 2003, p. 43.
[196] NUNES, Lydia Neves Bastos Telles. O Direito de Propriedade e as Águas. In: ARAÚJO, Luiz Alberto David (Coord.). *A Tutela da Água e algumas implicações nos direitos fundamentais*. Bauru: ITE, 2002. p. 191-199, p. 197.
[197] GRAF, 2003, p. 56.
[198] GRANZIERA, 2001, p. 77.
[199] MUSETTI, 2001, p. 54.
[200] SANTILLI, 2003, v. 1, p. 650.
[201] DI PIETRO, Maria Sylvia Zanella. *Direito Administrativo*. 13.ed. São Paulo: Atlas, 2001, p. 580.
[202] Lei nº 10.406/2002.
[203] REALE, 2002.
[204] O Projeto final aprovado tomou o nº 118/84.

O tratamento dispensado pelo novo Código à abrangência do direito da propriedade imobiliária não sofreu maiores alterações – salvo semânticas – no que tange à regra geral de que a propriedade do solo abrange a do espaço aéreo e subsolo correspondentes, até a altura e profundidade úteis ao seu exercício, e restrita ao interesse legítimo do proprietário (art. 1.229)[205].

A novidade da legislação ora em vigor vem prevista no art. 1.230, *caput*, assim redigido: "A propriedade do solo não abrange as jazidas, minas e demais recursos minerais, os potenciais de energia hidráulica, os monumentos arqueológicos e outros bens referidos por leis especiais".

Pode-se dizer que ocorreu, na realidade, não uma inovação material, mas apenas adequação formal, tendente a compatibilizar o Código Civil à legislação em vigor.

Com efeito, as *jazidas* e *minas*[206] já estavam separadas do solo por força do Código de Minas, pertencendo à União, consoante o art. 176 da CF/88; os ditos *demais recursos minerais* também são de titularidade da União, nos termos dos arts. 20, IX, e 176 da CF/88; o mesmo dá-se em relação aos *potenciais de energia hidráulica* (art. 20, VIII) e aos *sítios arqueológicos* (art. 20, X).

Nem tudo, entretanto, é perfeito, e o Código Civil de 2002 deixou de incluir no rol do art. 1.230 as águas,[207] possibilitando uma interpretação precipitada – se focalizada apenas no recente Texto, mas ignorando-se a cláusula aberta final do dispositivo, para viabilização

---

[205] O art. 1.229 do novo Código tem a seguinte redação: "A propriedade do solo abrange a do espaço aéreo e subsolo correspondentes, em altura e profundidade úteis ao seu exercício, não podendo o proprietário opor-se a atividades que sejam realizadas, por terceiros, a uma altura ou profundidade tais, que não tenha ele interesse legítimo em impedi-las", tendo correspondência, no Código de 1916, no art. 526, como já vimos.

[206] A distinção existente entre jazida e mina vem expressa no art. 1º, § 1º, do Decreto-lei nº 1.985/40: "§ 1º Considera-se jazida toda massa de substância mineral, ou fóssil, existente no interior ou na superfície da terra e que apresente valor para a indústria; mina, a jazida em lavra, entendido por lavra o conjunto de operações necessárias à extração industrial de substâncias minerais ou fósseis da jazida".

[207] Acrescente-se, pois normalmente é objeto de dúvida, que as águas, com exceção das minerais – as quais contam com regramento próprio e não são objeto do presente estudo –, não se enquadram no conceito de recursos minerais, tanto que a própria Constituição Federal trata das águas e dos recursos minerais em dispositivos diversos (águas são tratadas nos arts. 20, III, e 26, I, enquanto os recursos minerais vêm referenciados nos arts. 20, IX, e 176). Se os recursos minerais englobassem as águas ditas comuns, todas elas seriam de propriedade da União, por força dos arts. 20, IX, e 176 da CF, o que não se compatibiliza com a concessão de propriedade também aos Estados, nos termos do art. 26, I, da CF.

integral da análise pretendida – de que estas acompanham a propriedade privada por força do art. 1.229, tal como ocorria com o Código Civil de 1916.

Todavia, devemos analisar o direito a partir da teoria do ordenamento jurídico, fruto do pensamento kelseniano, enfatizando-se as características da *unidade* e *coerência* de tal ordenamento.

Assim, o conjunto de leis deve formar a unidade de um sistema jurídico, o qual há de ser, necessariamente, coerente, possibilitado o afastamento da incidência daquelas normas que impliquem incongruência, como, por exemplo, reconhecendo-se a inconstitucionalidade de lei infraconstitucional posterior e conflitante com a Lei Maior.

Nesse contexto, é certo sustentar que uma interpretação sistemática do ordenamento jurídico conduz à ilação de que não há mais águas de propriedade privada no Brasil.

Deve-se encontrar, então, no sistema, uma solução razoável de conjugação dos arts. 1.229 e 1.230 do Código Civil com os arts. 20, III, e 26, I, da Constituição Federal.

O art. 1.230 do Código Civil prevê a cláusula final aberta de que a propriedade do solo não abrange *outros bens referidos por leis especiais*.

Surge o questionamento: qual é a abrangência dessa regra de extensão?

O critério usual para se definir se uma lei é especial exige sua diferenciação em face da lei geral, aplicando-se o princípio de que a *lex specialis derogat generali*.

Segundo Carlos Maximiliano,[208]

> Ainda hoje se alude, a cada passo, à distinção clássica entre 'Direito comum' e 'Direito singular' ('Jus commune' e 'Jus singulares'). O primeiro contém normas gerais, acordes com os princípios fundamentais do sistema vigente e aplicáveis universalmente a todas as relações jurídicas a que se referem; o segundo atende a particulares condições morais, econômicas, políticas ou sociais, que se refletem na ordem jurídica, e por esse motivo subtrai determinadas classes de matérias, ou de pessoas às regras do Direito comum, substituídas de propósito por disposições de alcance limitado, aplicáveis apenas às relações especiais para que foram prescritas.

---

[208] MAXIMILIANO, Carlos. *Hermenêutica e Aplicação do Direito*. 18 ed. Rio de Janeiro, 2000, p. 228-229.

E, mais adiante, o mesmo autor elucida:

Enquadram-se no Direito Especial o Código Comercial, o Penal, o Rural, o Florestal, *o das águas* (grifou-se), o Aduaneiro e o de Contabilidade Pública; as leis sobre a responsabilidade do Chefe de Estado e demais funcionários, sobre minas, estradas de ferro, patentes de invenção, acidentes de trabalho, impostos, trabalho de mulheres e menores, e outras.

No caso, o art. 1.229 do Código Civil estabelece a regra geral da propriedade privada, como já visto, ao passo em que existe uma *lei especial* tratando apenas dos recursos hídricos que dispõe sobre a propriedade destes, de forma diferenciada da *lei geral*, e em estrita compatibilidade com a Lei Maior. Trata-se da Lei nº 9.433/97, que estabelece ser a água bem de domínio público.

Desse modo, tomando-se por base os princípios usuais acerca da relação entre a lei geral e a lei especial, conclui-se que o art. 1º, I, da Lei nº 9.433/97 insere elemento especializante em relação ao art. 1.229 da Lei Civil Geral, acrescendo o bem *água* ao rol do art. 1.230, *caput*, deste último Diploma.

Veja-se que as águas poderiam ter constado ao lado dos demais bens expressamente elencados no art. 1.230, *caput*, do Código Civil, pois, anteriormente à edição dele, já havia previsão legal – tanto em norma constitucional quanto em lei infraconstitucional *especial* – destacando a propriedade das águas da propriedade do terreno. Se o tivesse feito, o legislador teria sido sistemático e atribuído aos recursos hídricos o seu real e destacado valor. Mas acabou sendo assistemático porque buscou na Constituição Federal os demais bens que arrolou no aludido dispositivo, mas deixou de fazê-lo no que toca às águas, ficando a dúvida do porquê disso.

Observe-se que o Código Civil não necessitava ter feito a ressalva expressa de que a lei especial pode excluir a regra geral do seu art. 1.229, pois tal decorre dos princípios universais da hermenêutica jurídica.

Não obstante, uma interpretação teleológica dos arts. 1.229 e 1.230 do Novo Código evidencia a intenção da norma.

Lecionando sobre a interpretação teleológica, Carlos Maximiliano ensina:[209]

Considera-se o Direito como uma ciência primariamente normativa ou 'finalística'; por isso mesmo a sua interpretação há de ser, na essência, 'teleológica'.

O hermeneuta sempre terá em vista o fim da lei, o resultado que a mesma precisa atingir em sua atuação prática. A norma enfeixa um conjunto de providências,

---

[209] MAXIMILIANO, 2000, p. 151-152.

protetoras, julgadas necessárias para satisfazer a certas exigências econômicas e sociais; será interpretada de modo que melhor corresponda àquela finalidade e assegure plenamente a tutela de interesse para a qual foi regida.

Efetivamente, a *ratio legis* não foi a de listar os bens destacados do solo, mas declarar a existência desses bens – no que inovou se compararmos o novo e o velho Código Civil –, citando alguns exemplos e instituindo, com a cláusula aberta final, que se trata de rol não-exaustivo.

Mas deve ficar bem claro que, quando o Código Civil dispôs que "a propriedade do solo não abrange outros bens referidos por leis especiais", não estava impondo que somente estas poderiam ampliar a listagem já incrustada nessa Lei.

A afirmação justifica-se pelo fato de que a lei ordinária – no caso o Código Civil – não pode excluir os critérios para solução de antinomias no direito interno, segundo os quais o conflito de normas se resolve pelos critérios *hierárquico, cronológico* e de *especialidade*.

Em razão disso, estando uma matéria disciplinada por lei ordinária e por norma constitucional de forma diversa, prevalece a regra prevista na Lei Maior, pois está em nível hierárquico superior, independentemente da ordem cronológica. Vige a máxima: *lex superior derogat inferiori*.

Da mesma forma, se estamos frente a leis gerais estabelecidas pelo mesmo órgão, porém em momentos distintos, a norma editada por último sobrepõe-se,[210] dada a cronologia, como assenta o princípio: *lex posterior derogat priori*.

Destarte, não é apenas uma lei especial que pode majorar a lista de exceções do art. 1.230 do Código Civil, como também a Constituição Federal e a lei geral posterior, e nada disso necessitaria constar na Lei Civil, pois decorre do sistema de interpretação do Direito.

No caso, a essência da norma questionada estará preservada se a interpretarmos em conformidade com a lei especial e a Carta Política, afirmando-se que as águas também constituem exceção à regra do art. 1.229 do Código Civil, e equiparando-as, para tal fim, às "jazidas, minas e demais recursos minerais, os potenciais de energia hidráulica e os monumentos arqueológicos", tudo na forma do art. 1º, I, da Lei nº 9.433/97, e arts. 20, III, e 26, I, da Carta Magna.

---

[210] Maria Helena Diniz refere que: "Na lição de Hans kelsen, se se tratar de normas gerais estabelecidas pelo mesmo órgão em diferentes ocasiões, a validade da norma editada em último lugar sobreleva à da norma fixada em primeiro lugar e que a contradiz" (DINIZ, Maria Helena. *Conflito de Normas*. 3. ed. rev. São Paulo: Saraiva, 1998, p. 34).

Outra questão que enseja análise diz respeito à interpretação do art. 1.290 do novo Código, cuja redação é a seguinte: "O proprietário de nascente, ou do solo onde caem águas pluviais, satisfeitas as necessidades de seu consumo, não pode impedir, ou desviar o curso natural das águas remanescentes pelos prédios inferiores".

Uma primeira e singela visão do dispositivo transcrito poderia conduzir à ilação de que a norma, quando menciona *o proprietário da nascente*, está referindo-se à União ou ao Estado, conforme se esteja a tratar da propriedade de um ou de outro ente federado. No entanto, uma análise sistemática da Seção "Das águas", que abrange os arts. 1.288 a 1.296, deixa claro que a maioria das normas jurídicas nela insertas diz com a relação entre os proprietários ou possuidores de prédios superiores e inferiores em face de questões que podem surgir em decorrência do fluxo ou utilização da água. Assim, a lógica aponta no sentido de que o mencionado art. 1.290 faz referência ao dono do prédio superior, ao consignar *o proprietário da nascente*, seja ele um particular ou um ente público dotado de personalidade jurídica. Sobressai então a seguinte dúvida: estaria o Código Civil admitindo a possibilidade de o particular ser titular do domínio de recursos hídricos?

A resposta a essa indagação exige que se conceitue *nascente* para os efeitos do art. 1.290 da Lei Civil.

O art. 89 do Código de Águas dá o conceito de nascente, para os efeitos dessa codificação, mas que serve de parâmetro para a análise em foco. A redação segue transcrita:

Art. 89. Consideram-se 'nascentes' para os efeitos deste Código, as águas que surgem naturalmente ou por indústria humana, e correm dentro de um só prédio particular, e ainda que o transponham, quando elas não tenham sido abandonadas pelo proprietário do mesmo.

Ou seja, a expressão *nascente*, para a legislação de 1934, confunde-se com a água que brota do solo.

Diversa, contudo, é a definição elaborada pelo Conselho Nacional do Meio Ambiente – CONAMA[211] –, por intermédio de sua Resolução nº 004, de 18 de setembro de 1985, *verbis:*

Art. 2º – Para efeitos desta Resolução são estabelecidas as seguintes definições:

---

[211] Destaque-se que compete ao CONAMA, nos termos do art. 8º, VII, da Lei nº 6.938/81, estabelecer normas, critérios e padrões relativos ao controle e à manutenção da qualidade do meio ambiente com vistas ao uso racional dos recursos ambientais, principalmente os recursos hídricos.

d) – olho d'água, nascente – local onde se verifica o aparecimento de água por afloramento do lençol freático;

Por esse conceito, a nascente é o local por onde brota a água, e não esta. Poder-se-ia traçar um paralelo entre os conceitos de aqüífero e de água subterrânea, sendo aquele o suporte que armazena o conteúdo, no caso, a água, como vimos no item 1.5.

Registre-se que, na espécie, não estamos *obrigados* à adoção de qualquer um dos dois conceitos, ou de um em detrimento do outro, pois tanto o Código de Águas quanto a Resolução do CONAMA são expressos ao estabelecer que os conceitos por eles estabelecidos o são para os efeitos de cada um dos aludidos diplomas jurídicos. A situação seria outra se, *e.g.*, o Código de Águas tivesse conceituado *nascente* de forma geral. Nesse caso, como adotamos o sistema positivista, estaríamos vinculados ao conceito legal. Mas, não sendo isso o que ocorre, pode o intérprete, fazendo uso da analogia (art. 4º da Lei de Introdução ao Código Civil), dispor dos dois conceitos juridicamente estabelecidos em nosso ordenamento para, a partir do uso de critérios hermenêuticos, adotarem aquele que melhor se adapte à teleologia do dispositivo legal *sub examine.*

É nesse ponto que devemos lançar mão dos ensinamentos do Direito Alemão, atualmente já integrados ao Direito pátrio, para aplicarmos a técnica da *interpretação conforme a Constituição.*

O magistério de Paulo Bonavides é elucidativo,[212] esclarecendo que:

> Uma norma pode admitir várias interpretações. Destas, algumas conduzem ao reconhecimento de inconstitucionalidade, outras, porém, consentem tomá-la por compatível com a Constituição. O intérprete, adotando o método ora posto, há de inclinar-se por esta última saída ou via de solução. A norma interpretada 'conforme a Constituição', será portanto considerada constitucional. Evita-se por esse cominho a anulação da lei em razão de normas dúbias nela contidas, desde naturalmente que haja a possibilidade de compatibilizá-las com a Constituição.

Nesse passo, se uma norma admitir mais de uma interpretação, e sendo alguma delas compatível com a Constituição, esta deve ser a eleita, desde que preserve a essência do dispositivo legal.

---

[212] BONAVIDES, Paulo. *Curso de Direito Constitucional.* 12. ed. São Paulo: Malheiros, 2002, p. 474.

Em realidade, como bem afirma Paulo Bonavides,[213] "não se trata de um princípio de interpretação da Constituição, mas de um princípio de interpretação da lei ordinária de acordo com a Constituição".

Retornando à interpretação do art. 1.290 do Código Civil, é perfeitamente possível assumirmos a posição de que *nascente* é o local onde se verifica o aparecimento de água subterrânea, e que o proprietário dessa área – independentemente do tamanho físico que tenha –, satisfeitas as necessidades de seu consumo, não pode impedir ou desviar o curso natural das águas remanescentes pelos prédios inferiores. A essência da norma resta preservada com essa interpretação, pois os proprietários ou possuidores dos prédios inferiores mantêm íntegro seu direito de receberem as águas remanescentes do prédio superior, sejam elas pluviais ou provenientes de olhos d'água.

Aplica-se, aqui, a interpretação conforme sem redução de texto, excluindo do art. 1.290 do Código Civil uma interpretação que lhe acarretaria a inconstitucionalidade – tipologia já reconhecida pelo Supremo Tribunal Federal em julgamento de seu plenário.[214] Sustenta-se, então, que é inconstitucional a interpretação de que a expressão *o proprietário de nascente* diz respeito ao particular proprietário da água, porquanto estaria em confronto com os arts. 20, III, e 26, I, da Constituição Federal, que prevêem ser a água um bem integralmente público.

Até mesmo uma interpretação semântica de *nascente* leva à conclusão ora proposta, na medida em que a palavra indica se tratar do local por onde algo nasce, no caso, a água que está armazenada abaixo do solo.

Por derradeiro, o Código Civil de 2002 não apresenta vício de inconstitucionalidade em relação à dominialidade da água no Brasil, embora pudesse ter adotado posições mais claras acerca do assunto. A realidade é que o legislador do recente Código Civil não deu aos recursos hídricos a importância que merecem, sobretudo neste momento histórico em que todo o mundo sofre com os reflexos da crise da água.

---

[213] Ibidem, p. 474.

[214] Alexandre Moraes esclarece que "nesses casos, o Supremo Tribunal Federal excluirá da norma impugnada determinada interpretação incompatível com a Constituição Federal, ou seja, será reduzido o alcance valorativo da norma impugnada, adequando-a à Carta Magna.", e cita o julgado do Pleno do STF sob a identificação: Adin nº 1.600-8/UF – medida liminar – Rel. Min. Sydney Sanches, Diário da Justiça, Seção I, 6 fev. 1998, p. 2. (MORAES, Alexandre de. *Direito Constitucional*. 12. ed. São Paulo: Atlas, 2002, p. 47).

2.1.6. Enquadramento jurídico da água como bem de uso comum

Uma vez esposado o entendimento da publicização da água no Brasil, convém que se estabeleça a devida classificação desse recurso ambiental, destacando-se que parte da doutrina sustenta que a água é um *bem ambiental de natureza jurídica difusa*, enquanto outra a enquadra como *bem de uso comum do povo*. Há ainda, como já se grifou, pequena parcela de autores que mantém a posição de que continua existindo a classe das águas particulares no Brasil, o que fazem baseados no Código de Águas, revogado no tópico, segundo a melhor tendência.

Os bens são tradicionalmente classificados no Direito brasileiro em públicos e privados. No entanto, sob o fundamento de que os recursos hídricos são bens de uso comum do povo e, ao mesmo tempo, essenciais à sadia qualidade de vida, alguns respeitáveis autores vêm defendendo a existência de um terceiro gênero de bem, que seria o bem difuso.

Celso Antonio Pacheco Fiorillo preconiza que a água faz parte desse *tertius* gênero e, indo além, chega a defender a inconstitucionalidade dos arts. 99, I, e 100 do Código Civil atual, *verbis:*

> Como bem ambiental que é, definida pelo art. 225 da Constituição Federal, a água desde 1988 deixou portanto de ser considerada bem público sendo incompatíveis com a Carta Magna os arts. 99, I e 100 do novo Código Civil.
>
> Por outro lado, a água, como bem de natureza jurídica difusa, [...].[215]

Ana Cláudia Bento Graf cita o supramencionado autor, concluindo sua exposição a respeito do enquadramento jurídico da água nos seguintes termos: "por tudo o quanto se afirmou acima, sendo a água um bem de uso comum do povo e essencial à sadia qualidade de vida, não se lhe pode negar a natureza jurídica de bem difuso ambiental".[216]

Em que pese o respeito aqui registrado pelas posições daqueles que classificam a água como bem difuso, não vislumbramos tal possibilidade em face de nosso ordenamento jurídico, reconhecidamente positivista, que é claro no sentido de que se está a tratar de um bem público de uso comum do povo, como se demonstrará em seguida. E, além disso, a inconstitucionalidade dos arts. 99, I, e 100 do Código

---

[215] FIORILLO, Celso Antonio Pacheco. Águas no novo Código Civil: Lei 10.406/02. In: CONGRESSO INTERNACIONAL DE DIREITO AMBIENTAL, 7., 2003, São Paulo. *Direito, Água e Vida.* São Paulo: Imprensa Oficial, 2003, v. 1, p. 401-408, p. 405.
[216] GRAF, 2003, p. 56.

Civil de 2002 não encontra agasalho, na medida em que tais dispositivos legais não vão de encontro a regramento da atual Constituição brasileira.

O art. 225, *caput*, da Constituição Federal tem a seguinte redação:

> Art. 225. Todos têm direito ao meio ambiente ecologicamente equilibrado, bem de uso comum do povo e essencial à sadia qualidade de vida, impondo-se ao Poder Público e à coletividade o dever de defendê-lo e preservá-lo para as presentes e futuras gerações.

Em primeiro lugar, é oportuno lembrar que a água é um dos elementos do meio ambiente, razão pela qual o dispositivo constitucional transcrito aplica-se integralmente aos recursos hídricos. Em segundo, fácil é perceber que a norma, ao mencionar que o meio ambiente é um *bem de uso comum do povo*, estava procedendo à sua classificação e, logicamente, à da água, ao passo em que, quando dispôs ser o meio ambiente *essencial à sadia qualidade de vida*, fez questão de destacar a sua importância no diploma constitucional, conclamando, com base nisso, o poder público e a coletividade a defendê-lo para as presentes e futuras gerações.

Com efeito, os bens públicos classificam-se em de uso comum do povo, de uso especial e dominicais, nos exatos termos do art. 99 do Diploma Civil em vigor, que manteve a mesma sistematização do Código de Beviláqua (art. 66). O inciso I do mencionado artigo 99, sem ser taxativo, estabelece que são bens públicos de uso comum do povo os rios, mares, estradas, ruas e praças. Percebe-se, assim, que as águas doces e marinhas são lembradas expressamente no rol aludido.

Conjugando-se, portanto, o art. 225, *caput*, da Constituição, com o art. 99, I, do Código Civil, conclui-se que *a água é um bem de uso comum do povo*, como já assentou, inclusive, o Superior Tribunal de Justiça em recente julgado.[217]

Na doutrina, José Afonso da Silva é incisivo: "Toda água, em verdade, é um bem de uso comum de todos".[218] Lydia Neves Bastos Telles Nunes compartilha desse posicionamento: "Conforme as regras do Direito Civil, a água é um 'bem', bem público de uso comum".[219]

---

[217] BRASIL. Superior Tribunal de Justiça. Recurso Especial n. 518.744-RN. Relator: Ministro Luiz Fux. Disponível em: http://www.stj.gov.br Acesso em: 31 mar. 2004.
[218] SILVA, J., 2000, p. 116.
[219] NUNES, 2002, p. 198.

Todo bem público, apesar de integrar o patrimônio estatal, existe em razão do povo, assim como ocorre com o próprio Estado. Assim é que o ente público titular do domínio de determinado bem tem a incumbência de administrá-lo, *ultima ratio,* com um objetivo, qual seja, satisfazer o interesse público, que consiste no interesse da coletividade, pois o poder emana do povo[220] e deve ser exercido em seu proveito.

Celso Antônio Bandeira de Mello aponta[221] características comuns aos bens públicos: a) inalienabilidade ou alienabilidade nos termos da lei,[222] destacando-se, porém, que os bens de uso comum do povo e os de uso especial somente serão passíveis de alienação quando desafetados, passando à categoria de dominiais; b) impenhorabilidade; e c) imprescritibilidade, sendo insuscetíveis de usucapião.

Os bens de uso comum do povo – objeto do presente estudo –, na lição de Maria Sylvia Zanella Di Pietro, "podem ser utilizados por todos em igualdade de condições, sem necessidade de consentimento individualizado por parte da Administração".[223] Essa regra não é absoluta, podendo a lei ou ato administrativo restringir o uso dos bens comuns em decorrência de suas peculiaridades. Cite-se, por exemplo, o caso de bloqueio temporário de uma rua para a realização de festividade carnavalesca. Nessa hipótese, a rua não mais poderá ser utilizada por todos, embora não perca o enquadramento de bem de uso comum. Assim ocorre, de igual forma, com a água. Se o poder público concede a outorga para uso da água de um açude exclusivamente ao proprietário do terreno onde se situa, o recurso hídrico continuará a ser classificado como de uso comum do povo. Havendo necessidade, ou em razão de outras circunstâncias, a outorga pode ser revogada, e a água poderá vir a abastecer a coletividade.

Lydia Bastos Telles aborda a questão nos seguintes termos:

> Os bens públicos de uso comum do povo podem ser usados por todos, sem restrição, gratuita ou onerosamente, sem necessidade de permissão especial.
>
> Não perdem tal característica se o Poder Público regulamentar seu uso, restringi-lo ou tornar sua utilização onerosa, como é o caso do pedágio nas rodovias, que necessitam de obras de manutenção, a cobrança do uso da água, que na

---

[220] Art. 1º, Parágrafo único, da Constituição da República.
[221] MELLO, Celso Antônio Bandeira de. *Curso de Direito Administrativo.* 10. ed. rev., atual. e ampl. São Paulo: Malheiros, 1998, p. 568-569.
[222] Ver arts. 100 e 101 do Código Civil.
[223] DI PIETRO, 2001, p. 532.

sua distribuição para a população, onera o Poder Público com despesas no seu tratamento e na sua adequação para o consumo humano.[224]

Enfim, a água é, dentre os bens de um modo geral, talvez o que mais deva ser utilizado por todos, de forma universal e igualitária, porquanto é um direito fundamental relacionado a tantos outros, como o direito à vida, à saúde e, em especial, à dignidade da pessoa humana. Por todas essas razões, é plenamente justificável que os recursos hídricos integrem o patrimônio estatal, como bem de uso comum do povo, pois compete ao poder público empreender esforços no sentido de garantir à coletividade e a cada integrante dela a efetivação desses direitos humanos fundamentais.

2.2. IMPORTANTES REFLEXOS DA DOMINIALIDADE PÚBLICA DA ÁGUA

Inúmeras são as conseqüências da publicização da propriedade da água, impondo-se, neste momento, que se enfoquem algumas das principais. Frise-se que, ao longo do texto, outras tantas foram destacadas, como, *v.g.*, a inalienabilidade, impenhorabilidade e imprescritibilidade da água.

2.2.1. Possui direito à indenização o antigo proprietário da água?

Com base no art. 526 do Código Civil de 1916, o proprietário do terreno era titular do domínio das águas nele existentes, independentemente de se situarem na superfície ou no subsolo. A partir da Constituição Federal de 1988, as águas passaram a pertencer à União (art. 20, III) ou aos Estados (art. 26, I).

Surge, assim, a questão da indenização do antigo proprietário da água, que está posta por Cid Tomanik Pompeu nos seguintes termos:

> Com isso, desaparecem, sem qualquer vantagem prática, as águas comuns, as particulares e as municipais (art. 26, I). Resta saber o que o Poder Judiciário

---

[224] NUNES, 2002, p. 198-199.

decidirá a respeito, tendo em vista a garantia do direito de propriedade, estabelecida no mesmo texto constitucional (art. 5º, XXII).[225]

A polêmica que gira em torno do assunto é a seguinte: o proprietário de uma fazenda onde existe um açude e um poço artesiano, ao adquirir o imóvel, antes da Carta Magna de 1988 e depois da vigência do Código de Beviláqua, de forma indissociável à aquisição da terra, também se tornou proprietário das águas referidas exemplificativamente acima. Com a entrada em vigor da atual Constituição, esses recursos hídricos passaram ao domínio do Estado (art. 26, I, da CF). Baseado no direito adquirido[226] (art. 5º, XXXVI, da CF) à propriedade privada (art. 5º, XXII, da CF), pode o particular que teve suprimida parcela de seu patrimônio pleitear, administrativa ou judicialmente, indenização em face do poder público?

Paulo Afonso Leme Machado filia-se à corrente que entende prevalecer, no caso, o direito adquirido do proprietário, que lhe confere pretensão indenizatória contra o Estado.[227] Observe-se que o autor não propõe que o direito adquirido assegure ao particular o poder de manter sob seu domínio as águas incorporadas ao seu patrimônio sob a égide da Lei Civil revogada, admitindo, todavia, a obtenção de perdas e danos pelo antigo proprietário em detrimento do novo titular da propriedade das águas.

Embora não concordemos com a tese defendida pelo renomado doutrinador, forçoso é admitir que ela é sustentável juridicamente e, mais do que isso, plenamente conforme com o justo – embora seja inviável do ponto de vista prático, pois o poder público não teria recursos financeiros suficientes para indenizar todos aqueles que perderam a titularidade do domínio das águas –, na medida em que, desde os primórdios, o ser humano sempre procurou se estabelecer fisicamente em locais abastecidos por água, dada sua indispensabilidade para a

---

[225] POMPEU, Cid Tomanik. Recursos Hídricos na Constituição de 1988. *Revista de Direito Administrativo,* Rio de Janeiro, n. 186, p. 10-25, p. 22, out./dez. 1991.

[226] O conceito de direito adquirido vem disposto no art. 6º, § 2º, da LICC: "§ 2º Consideram-se adquiridos assim os direitos que o seu titular, ou alguém por ele, possa exercer, como aqueles cujo começo do exercício tenha termo pré-fixo, ou condição preestabelecida inalterável, a arbítrio de outrem".

[227] "Há razoabilidade em sustentar que o 'direito adquirido' (art. 5º, XXXVI, da CF) socorre esses proprietários particulares no sentido de obterem indenizações dos Estados quando estes pretenderem o domínio das águas referidas no art. 8º do Código das Águas" (MACHADO, P., 2002, p. 30).

vida cotidiana, motivo pelo qual as propriedades imobiliárias dotadas do líquido, sobretudo as rurais, são as mais procuradas e valorizadas. Assim, de regra, o particular pagou mais pelo imóvel provido de água; perdendo o domínio sobre ela, teve um esvaziamento parcial, quando não total, de sua propriedade.[228] Dizemos que muitas vezes o esvaziamento da propriedade é total, porque em determinados locais onde a água é muito escassa, a terra desprovida de recurso hídrico não tem procura no mercado imobiliário.

De todo o modo, a solução deve ser encontrada no plano estritamente jurídico. E, neste, não se tem dúvida de que o direito adquirido do antigo proprietário não subsiste, porquanto a Constituição de 1988 é fruto do poder constituinte originário, que é aquele inaugurador de uma nova ordem jurídica.[229] Ele rompe, por completo, com a ordem jurídica precedente. O seu objetivo fundamental é criar um novo Estado, diferente do que vigorava com base no poder constituinte precedente.[230] Prevaleceria o direito adquirido, no entanto, se as águas passassem ao domínio público por força do poder constituinte derivado – reformador ou revisor –, que é limitado e deve observar as cláusulas pétreas, dentre as quais se insere o direito assegurado pelo art. 5º, XXXVI, da Carta Magna.

Realmente, as características do poder constituinte originário são as de ser ele: a) inicial, porquanto instaura nova ordem jurídica; b) autônomo, pois a estrutura da nova Constituição será determinada, modo autônomo, pelos legisladores instituídos do poder constituinte originário; e c) ilimitado ou incondicionado, ou seja, não tem

---

[228] Javier Pérez Royo descreve com maestria a importância da propriedade: "Igualdad-Libertad-Propiedad. Porque los individuos son iguales, no puedem existir relaciones de dependencia personal entre ellos, sino que tienen que reconocerse como hombres libres. Ahora bien, individuos 'iguales y libres' sólo pueden relacionarse a través de la manifestación de voluntad de cada uno, del pacto, del 'contrato'. Para contratar cada uno tiene que ser 'propietario' de algo. La propiedad como concepto universal es una derivación inmediata de los principios de igualdad y libertad. De ahí su importancia para la comprensión de la Sociedad y del Estado. Por eso, en algún momento se ha dicho que la propiedad es la 'madre de todos los derechos'" (PÉREZ ROYO, Javier. *Curso de Derecho Constitucional*. 4. ed. Madrid: Marcial Pons, 1997, p. 321).

[229] Raul Machado Horta ressalta: "A Constituição, por decisão soberana do constituinte originário, poderá revogar o direito adquirido, da mesma forma que revoga as leis anteriores incompatíveis" (HORTA, Raul Machado. Constituição e Direito Adquirido. *Revista de Informação Legislativa*, Brasília, a. 28, n. 112, p. 69-86, out./dez. 1991, p. 84).

[230] Essa é a conceituação adotada com propriedade por LENZA, Pedro. *Direito Constitucional Esquematizado*. 5. ed. rev. e ampl. São Paulo: LTr, 2003, p. 63.

ele de ficar adstrito a limitadores decorrentes da ordem jurídica anterior.[231]

Tais características não são próprias do sistema jurídico brasileiro. O constitucionalista português J. J. Gomes Canotilho, esclarecendo que só o originário pode ser considerado propriamente como poder constituinte, tece considerações[232] no sentido de que

> O poder constituinte, na teoria de Sieyés, seria um poder 'inicial, autónomo e omnipotente'. É 'inicial' porque não existe, antes dele, nem de facto nem de direito, qualquer outro poder. É nele que se situa, por excelência, a vontade do 'soberano' (instância jurídico-política dotada de autoridade suprema). É um poder 'autónomo': a ele e só a ele compete decidir se, como e quando, deve 'dar-se' uma constituição à Nação. É um poder 'omnipotente, incondicionado': o poder constituinte não está subordinado a qualquer regra de forma ou de fundo.

Desse modo, considerando-se que nossa Constituição em vigor é ato inaugural, não sofrendo qualquer limitação imposta pela ordem jurídica anterior, direitos adquiridos assegurados pela Constituição precedente não se mantêm frente ao novo ordenamento.

Solange Teles da Silva indaga se poder-se-ia alegar a existência de direito adquirido relativamente a águas subterrâneas particulares que passaram à dominialidade estatal, respondendo ela própria ao questionamento com primazia. Apesar de o propósito da autora ser a análise dos aspectos jurídicos da proteção dos recursos hídricos subterrâneos, seus ensinamentos aplicam-se integralmente às águas de um modo geral, pois o tratamento constitucional é idêntico para as águas superficiais e para as do subsolo. Por elucidativos, transcrevem-se parcialmente seus comentários:

> Não há direito adquirido contra preceito expresso da Constituição. Aliás, Léon Duguit já afirmava que esta expressão deveria ser abandonada. E, é sobretudo face ao poder constituinte originário que a expressão 'direito adquirido' deve ser rejeitada e repudiada. Uma constituição, enquanto obra do poder constituinte originário, manifestação da soberania popular, não está adstrita a respeitar os direitos adquiridos fundados na constituição anterior. Como ressalta José Afonso da Silva, 'ao fazer a Constituição o poder constituinte não fica sujeito a qualquer regra jurídica do ordenamento existente, nem da Constituição que vigorava antes, porque sua atuação rompe com o sistema jurídico anterior'. O constituinte de 1988, ao optar pela dominialização das águas subterrâneas rompeu com o

---

[231] Michel Temer destaca: "a doutrina caracteriza o poder constituinte originário como inicial, autônomo e incondicionado" (TEMER, Michel. *Elementos de Direito Constitucional*. 14. ed. rev. e ampl. São Paulo: Malheiros, 1998, p. 34).

[232] CANOTILHO, J. J. Gomes. *Direito Constitucional*. 6. ed. Coimbra: Almedina, 1996, p. 94.

sistema jurídico anterior e não é possível sustentar que exista um direito adquirido em matéria das águas subterrâneas particulares.[233]

Segue a autora tecendo críticas a julgado do Tribunal de Justiça do Distrito Federal (AgIn 2001.00.2.001.1942-6), que afirmou a existência de direito adquirido do uso de águas subterrâneas.

Na mesma linha de raciocínio, Fernando Quadros da Silva igualmente refuta a incidência do direito adquirido em benefício do antigo proprietário das águas, que, segundo ele, passou à condição de mero detentor do direito de uso dos recursos hídricos, e desde que obtida a necessária outorga de que trata a Lei nº 9.433/97.[234]

Por fim, mesmo que se adotasse a tese de que o particular faz jus a indenização ante a perda do domínio das águas situadas em seu terreno – apenas para argumentar –, é imperativo que se reconheça que toda e qualquer ação contra a União ou em face dos Estados-Membros está prescrita[235] há longos anos. Ocorre que foi a Constituição de 1988, em vigor a partir do ano seguinte à sua promulgação, que retirou do particular o direito de propriedade que exercia sobre os recursos hídricos. Assim, e tendo-se em consideração que a prescrição começa a fluir no momento em que o titular do direito poderia exercê-lo, mas não o faz,[236] seu termo inicial foi a entrada em vigor da Lei Maior, pois foi a contar de então que o antigo titular do domínio da água poderia ter postulado, administrativa ou judicialmente, indenização em razão da perda de fração de sua propriedade.

Logo, a prescrição teve o seu marco final no ano de 1994, já que ela é qüinqüenal, nos exatos termos do art. 1º do Decreto nº 20.910/32,[237] e não se tem notícia, baseado em pesquisa jurisprudencial feita, no sentido de que alguém tenha proposto demanda indenizatória pela razão ora em exame. Mostra-se pertinente enfatizar que o prazo

---

[233] SILVA, S., 2003, p. 174-175.

[234] SILVA, F., 1998, p. 82-83.

[235] J. M. Carvalho Santos define prescrição: "Tal prescrição pode definir-se como sendo um modo de extinguir os direitos pela perda da ação que nos assegurava, devido à inércia do credor durante um decurso de tempo determinado pela lei e que só produz seus efeitos, em regra, quando invocada por quem dela se aproveita" (SANTOS, J. M. Carvalho. *Código Civil Brasileiro Interpretado*. 9. ed. São Paulo: Freitas Bastos, 1963, v. 3, p. 371).

[236] Nesse sentido: PEREIRA, Caio Mário da Silva. *Instituições de Direito Civil*. 14. ed. Rio de Janeiro: Forense, 1993. v. 1, p. 482-483.

[237] "Art. 1º As dívidas passivas da União, dos Estados e dos Municípios, bem assim todo e qualquer direito ou ação contra a Fazenda federal, estadual ou municipal, seja qual for a sua natureza, prescrevem em cinco anos contados da data do ato ou fato do qual se originarem".

prescricional de cinco anos se aplica a toda e qualquer ação contra os entes federados, exceção feita apenas em relação à desapropriação indireta, que, na forma da Súmula nº 119 do STJ, é de 20 anos. Na espécie, todavia, não se está a tratar de desapropriação, nem na modalidade direta, tampouco na indireta. A desapropriação direta está disciplinada pelo Decreto-lei nº 3.365/41, que, dentre outras exigências inexistentes na hipótese sob análise, obriga que haja declaração de utilidade pública do bem a ser expropriado por decreto da autoridade competente (art. 6º), o que não se vislumbra no caso. De outro lado, a desapropriação indireta constitui justamente no ilícito apossamento de bem particular pelo poder público, também inocorrente, pois, ao contrário, a aquisição da propriedade dos recursos hídricos pelos entes públicos federal e estaduais foi lícita, tanto que formalizada pela própria Lei Fundamental.

A única situação que não está fulminada pelo manto prescricional é aquela em que a prescrição resta suspensa ou interrompida, na forma da lei civil aplicável à época, sendo a mais provável causa aquela em que o imóvel que continha a água é de propriedade de absolutamente incapaz, como um menor de 16 anos ou um deficiente mental – que normalmente adquirem propriedade imobiliária por herança.[238]

2.2.2. Direito de outorga

Inicialmente, lembre-se que a outorga de que tratam os arts. 11 a 18 da Lei nº 9.433/97 – os quais regulamentam o art. 21, XIX, da CF – tem por objeto *bem de uso comum do povo*, que é o enquadramento dado aos recursos hídricos no Brasil, consoante restou analisado no item 2.1.6. Essa espécie de bem público, como regra, é de uso indistinto pelas pessoas, em igualdade de condições, observada, contudo, a sua destinação. É o que ocorre, por exemplo, com as ruas e mares, que normalmente são aproveitados por todos, de forma concorrente. No entanto, esses bens podem ter seu uso restringido em razão de determinadas peculiaridades, fugindo-se assim à regra geral, como acontece com o fechamento de determinada rua para a realização de um evento ocasional de acesso restrito – caso de um show de automobilismo ou encontro de motociclistas –, ou com a delimitação permanente de

---

[238] São aplicáveis, conforme a época, os arts. 5º e 168 a 176 do Código Civil de 1916; e arts. 3º e 197 a 204 do Código Civil atual.

espaços do mar para usuários específicos – como ocorre, *v.g.*, com a demarcação de áreas para banhistas, pescadores e surfistas. Os bens não deixam de ser de uso comum do povo, mas a sua utilização pode ficar limitada temporária ou definitivamente. Acrescente-se que a utilização do bem, como enfatiza Celso Antônio Bandeira de Mello, dependendo do que dispuser a lei, pode ser gratuita ou remunerada, sendo exemplo deste último caso o pagamento de pedágio para que as pessoas possam trafegar por determinada rodovia.[239]

Maria Luiza Machado Granziera define a outorga nos seguintes termos:

> A outorga do direito de uso da água é o instrumento pelo qual o poder público atribui ao interessado, público ou privado, o direito de utilizar privativamente o recurso hídrico. Constitui um dos instrumento da Política Nacional de Recursos Hídricos, conforme dispõe o art. 5º, inciso III da Lei nº 9.433/97, assim como das várias políticas estaduais de recursos hídricos.[240]

Não se está a tratar de instrumento originariamente inserido em nosso ordenamento jurídico pela Lei da Política Nacional de Recursos Hídricos, uma vez que a outorga já estava prevista nos arts. 43 a 52 do Código de Águas. Consiste num ato administrativo por meio do qual o poder público titular do domínio da água faculta ao outorgado o uso do recurso hídrico que interessa a este, consoante se extrai do art. 1º da Resolução nº 16/2001 do Conselho Nacional de Recursos Hídricos.[241] Observe-se que a outorga implica apenas o direito de uso da água, mas não sua alienação parcial, posto ser inalienável esse recurso ambiental, forte no art. 18 da Lei nº 9.433/97.

Na forma do art. 11 da Lei nº 9.433/97, os objetivos da outorga são assegurar o controle quantitativo e qualitativo dos usos da água e o efetivo exercício dos direitos de acesso à água. Com efeito, em razão da escassez global dos recursos hídricos, muitos países resolveram tornar público esse recurso ambiental, com a finalidade de melhor geri-lo, visando à satisfação do interesse público. Foi o que ocorreu com o Brasil, que, como enfocado acima, conferiu, por intermédio de ato do poder constituinte originário, a dominialidade dos recursos hídricos à União e aos Estados – e, por evidente, ao Distrito Federal,

---

[239] MELLO, 1998, p. 577.
[240] GRANZIERA, 2001, p. 180.
[241] O Conselho Nacional de Recursos Hídricos tem, dentre outras competências, a de estabelecer critérios gerais para a outorga de direitos de uso de recursos hídricos (art. 35, X, da Lei nº 9.433/97).

relativamente às águas situadas em suas terras. A partir de então, os gestores do líquido mais importante para a vida assumiram a responsabilidade de exercer o seu controle quantitativo e qualitativo, assim como o exercício efetivo dos direitos de acesso à água, a fim de defender e preservar esse bem ambiental para as presentes e futuras gerações, nos termos do art. 225, *caput*, da Constituição Federal.

A sujeição à outorga abrange os usos que alterem o regime, a quantidade ou a qualidade da água existente em um corpo d'água, incluindo a captação do recurso natural e o seu lançamento em um corpo hídrico. Abrange tanto as águas superficiais quanto as subterrâneas, e é exigível do particular e do poder público indistintamente.[242] Ademais, a outorga é necessária para uso da água destinada ao consumo final ou para insumo de processo produtivo, bem como para aproveitamento dos potenciais hidrelétricos, consoante disciplina o art. 12, *caput*, da Lei dos Recursos Hídricos. Aponte-se, por fim, que, tendo em vista o inciso V do art. 12, o rol de que tratam os incisos I a IV não é exaustivo.

Em algumas hipóteses, contudo, a outorga é inexigível, na forma do § 1º do artigo antes mencionado. Para a efetivação dessa exceção à regra, é necessária a observância da regulamentação do dispositivo legal, que, no momento, consta do parágrafo único do art. 5º da Resolução nº 16/2001 do Conselho Nacional de Recursos Hídricos.[243]

O Plano de Recursos Hídricos é elaborado pelas Agências de água no âmbito de sua área de atuação (art. 44, X, da Lei nº 9.433/97), competindo aos Comitês de Bacia Hidrográfica a aprovação do referido Plano (art. 38, III). Uma vez cumpridas todas as etapas de elaboração do Plano de Recursos Hídricos, este passará a produzir efeitos, dentre os quais se destaca o condicionamento da outorga às prioridades de uso nele estabelecidas (art. 13). A outorga também deverá respeitar a classe em que o corpo hídrico estiver enquadrado e, quando for o caso, a manutenção de condições adequadas ao transporte aquaviário. A mesma norma, em seu parágrafo único, estabelece que a outorga há de preservar o uso múltiplo dos recursos hídricos. Assim, *e.g.*, não há

---

[242] O que não se aplica, por lógica, ao usuário titular do domínio do recurso hídrico.
[243] A Resolução dispõe o seguinte: "Art. 5º, parágrafo único: Os critérios específicos de vazões ou acumulações de volumes de água considerados insignificantes serão estabelecidos nos planos de recursos hídricos, devidamente aprovados pelos correspondentes comitês de bacia hidrográfica ou, na inexistência destes, pela autoridade outorgante".

de ser expedido ato administrativo que permita ao particular fazer uso da água de determinado corpo hídrico para a irrigação agrícola se este vier a impedir ou dificultar substancialmente a navegação no rio de captação ou o consumo d'água pelos seres humanos e animais dela dependentes.

A outorga dar-se-á por ato da autoridade competente que esteja vinculada ao ente federativo titular do domínio do recurso hídrico de que se pretenda fazer uso, sendo possível, por disposição expressa de lei, a delegação, pela União, aos Estados ou ao Distrito Federal, da competência para outorga de direito de uso de água de domínio da União, forte no art. 14, *caput*, e § 1º, da Lei antes referida. No âmbito federal, compete à Agência Nacional de Águas – ANA – a expedição de outorga (art. 4º, IV, da Lei nº 9.984/2000).

O art. 15 da Lei nº 9.433/97 trata da suspensão, parcial ou total, da outorga, em definitivo ou por prazo determinado, nas circunstâncias que elenca nos seus incisos I a VI. As hipóteses de "suspensão" podem ser classificadas em três grupos, quais sejam: a) por culpa do outorgado, que não cumpre as condições impostas no ato de outorga[244] (inciso I); b) por caducidade, quando constatada a ausência de uso da água objeto da outorga por três anos consecutivos (inciso II); e c) por interesse público (incisos III a VI), como é o caso, *v.g.*, de uma estiagem que prejudique o fornecimento de água para o consumo de determinada população.

Estabelecida essa classificação – não encontrada na doutrina –, podemos afirmar que nem todas os casos são de suspensão da outorga. Efetivamente, quando a dita "suspensão" for definitiva, estar-se-á diante de hipótese de revogação da outorga, ocorrente, por exemplo, e em tese, no caso previsto no inciso I do art. 15, como forma de penalidade, nos termos dos arts. 49, IV, e 50, IV, da Lei dos Recursos Hídricos, quando devem ser assegurados ao outorgado os direitos constitucionais da ampla defesa, contraditório e devido processo legal (art. 5º, LV). Também será definitiva a cassação da outorga na hipótese do inciso II do art. 15, porém não por suspensão, mas por decadência do direito de uso, caso em que também é aplicável o disposto no art. 5º,

---

[244] Como a outorga é ato administrativo que impõe condições ao outorgado, sugere-se que, naquelas concedidas para a satisfação de interesses particulares, conste sempre a vedação de venda da água captada do meio ambiente a terceiros, sob pena de se estimular a mercantilização dos recursos hídricos, que deve ser combatida.

LV, da CF. Por fim, havendo interesse público na suspensão (temporária) ou na revogação (definitiva) da outorga, não se deve possibilitar ao outorgado os direitos de ampla defesa, contraditório e devido processo legal, porquanto ele não tem do que se defender, já que, nesse caso, a Administração age por motivo de conveniência ou oportunidade, como prevê a Súmula nº 473 do STF.

A Lei disciplina, ainda, no seu art. 16, que a outorga se dará por prazo não excedente a 35 anos, renovável. Essa também é a regra do art. 5º, III, e § 3º, da Lei nº 9.984/2000. Em que pese o entendimento de Rodrigo Andreotti Musetti no sentido de que a renovação somente é possível quando a outorga for dada por prazo inferior a 35 anos, sendo este o limite máximo do uso da água por parte do outorgado,[245] os métodos gramatical e teleológico de interpretação levam a conclusão diversa. Pelo método gramatical, percebe-se que a lei não veda a renovação da outorga por mais de 35 anos. Apenas veda a outorga além desse patamar em um mesmo ato, mas, decorrido o prazo do ato administrativo, poderá haver renovações indeterminadas, desde que permaneçam hígidos os motivos que ensejaram a outorga anterior. Pelo método teleológico, vê-se que inexiste razão para que a outorga seja renovável apenas até o limite máximo de 35 anos, pois, observando o outorgado as exigências legais e inexistindo óbice administrativo, não há porque lhe negar a possibilidade de continuar usando o recurso hídrico por além do prazo antes referido. Ainda no tópico, é oportuno referir que as outorgas para concessionárias e autorizadas de serviços públicos e de geração de energia hidrelétrica terão prazos de vigência coincidentes com os dos respectivos contratos de concessão ou autorização (§ 4º do art. 5º da Lei nº 9.984/2000).

Mesmo que o ato administrativo deva ser expedido com prazo determinado, é característica intrínseca à outorga do uso de água ser de natureza precária, porquanto a disponibilidade hídrica é um fator inconstante, ou seja, o poder público titular do domínio do recurso e seu gestor não têm condições de saber qual será a disponibilidade de

---

[245] "Toda outorga de direitos de uso de recursos hídricos não poderá exceder o prazo de 35 (trinta e cinco) anos (art. 16). A Lei em questão faz presumir que este prazo seria renovável, ou seja, após o prazo único de 35 anos, poder-se-ia renová-lo por até 35 anos novamente e assim por diante. Tal interpretação demonstra-se equivocada por entrar em conflito com a própria redação da lei – que estabelece ser o prazo máximo da outorga, 35 anos. Ora, se o prazo máximo para se conceder a outorga é de 35 anos, evidente que a própria outorga pode ser renovável, quando se constituir em prazos menores que 35 anos, hipótese em que, então, poderá renovar-se até atingir o limite dos 35 anos" (MUSETTI, 2001, p. 83).

água existente no futuro, podendo apenas agir com base nos quantitativos constatados no momento da concessão da outorga. Assim, pode o outorgante tanto reduzir o volume de água a que se dispôs a fornecer,[246] bem como suspender ou revogar a outorga de uso do bem público, de acordo com a realidade fática, sem que isso gere dever de indenizar por parte do ente público, pois, embora o instrumento administrativo deva ser expedido com prazo certo, a lei prevê as hipóteses de suspensão/revogação da outorga (art. 15 da Lei nº 9.433/97), razão pela qual o outorgado tem ciência de que, uma vez constatada uma das situações que imponha a modificação do ato, esta se dará no interesse coletivo (hipóteses dos incisos III a VI, e que, em tese, poderiam gerar indenização). Reconhecemos que podem existir entendimentos diversos – até porque a regra, em direito administrativo, segundo a doutrina prevalente, é a da indenização por parte do ente público quando se verifica revogação de ato administrativo que conte com prazo determinado. Porém, adotamos, no tópico, os ensinamentos de Celso Antônio Bandeira de Mello, que assim leciona:

> A revogação, 'quando legítima', de regra, não dá margem a indenização. Com efeito, quando existe o poder de revogar perante a ordem normativa, sua efetivação normalmente não lesa direito algum de terceiro. Contudo, não se pode excluir a hipótese, tanto mais porque, como é sabido, existe responsabilidade do Estado por ato lícito.
>
> Quando, pelo contrário, inexiste o poder de revogar mas a Administração necessita, para atender a um interesse público, rever certa situação e afetar relação jurídica constituída, atingindo 'direito' de alguém (não meras faculdades ou expectativas), a solução é 'expropriá-lo'.[247]

Sinale-se, todavia, que a outorga pode ser emitida em duas situações distintas: a) em favor do interessado, público ou particular, a fim de que utilize o recurso hídrico em seu proveito próprio; ou b) em favor do interessado, também público ou particular, para que use a água no interesse público, como ocorre, *v.g.*, no fornecimento de água potável à população de um local determinado, ou na geração de energia produzida em hidrelétrica.

---

[246] Sobre o tema, merece transcrição a seguinte lição de Paulo Afonso Leme Machado: "Diante da inconstância da disponibilidade hídrica, constata-se que os outorgados não têm direito adquirido a que o Poder Público lhes forneça o 'quantum' de água indicado na outorga. O Poder Público não pode arbitrariamente alterar a outorga, mas pode modificá-la motivadamente, de acordo com o interesse público" (MACHADO, 2002, p. 60).
[247] MELLO, 1998, p. 288-289.

Nessa segunda hipótese (item "b"), quando o serviço público é prestado pelo particular, sempre há um contrato administrativo subjacente, o qual somente é firmado após regular procedimento licitatório (art. 175 da CF) – ao contrário da outorga, cuja legislação específica não exige licitação. Tal contrato não se confunde com a outorga, sendo aquele relativo à prestação de um serviço público, enquanto esta diz respeito ao uso privativo de bem público. Então, admite-se que, havendo necessidade de suspensão/revogação da outorga em função de interesse público, com isso acarretando a impossibilidade, temporária ou definitiva, do adimplemento do contrato administrativo aludido, é possível que o poder público seja compelido a indenizar o particular, não em função da outorga suspensa ou revogada, mas por ter inviabilizado a prestação do serviço público e, conseqüentemente, a atividade econômica desenvolvida pelo contratado, que terá prejuízos com o rompimento do negócio jurídico entabulado com a Administração Pública. Podemos exemplificar com a situação de uma usina hidrelétrica cuja exploração foi concedida a uma empresa particular. Esta possui gastos de elevada monta para colocar a usina em funcionamento, prevendo recuperar o investimento e passar a obter vantagem econômica com o fornecimento de energia elétrica muitos anos após. Todavia, nesse meio tempo, a outorga é revogada por necessidade pública, vez que, do contrário, determinada população ficaria sem água para suas necessidades básicas. Nesse caso, como o contrato administrativo de prestação de serviço público será umbilicalmente afetado, entendemos que o dever de indenizar por parte do ente público, mesmo que tenha causado prejuízos a terceiro por ato lícito, é inarredável.

Anote-se que a suspensão/revogação da outorga deve ser sempre motivada e, uma vez comprovado pelo outorgado que a alteração do ato administrativo original se deu sem embasamento suficiente, abre-se a possibilidade, a este, de obrigar o poder público a manter a outorga nos termos em que expedida, ou, caso já tenha ocorrido prejuízo econômico, o outorgado poderá pleitear indenização em decorrência do ato administrativo insubsistente.

Questão que gera polêmica diz com a vinculação ou discricionariedade do ato de outorga. Vinculado é o ato cujo comportamento da Administração vem disciplinado integralmente pela lei, não deixando margem a decisão subjetiva, como ocorre com a licença para construir, caso em que, uma vez implementados os requisitos legais por parte do requerente, o Administrador está obrigado a expedir a licença. Já no ato discricionário, o poder público tem liberdade para avaliar a oportunidade e conveniência da situação e agir de acordo com o seu entendimento acerca da questão posta a decisão, sem, por óbvio, afronta à lei. Pode-se citar como exemplo de ato discricionário a decisão administrativa de asfaltar a Rua "A", e não a "B". Nesses casos, o Poder Judiciário verifica apenas a observância, pela Administração, da legislação incidente, não lhe competindo decidir a respeito do mérito propriamente dito do ato, sob pena de violação do princípio constitucional da separação dos poderes (art. 2º da CF).

Nos exemplos citados, foi possível distinguir precisamente o ato vinculado do discricionário. Porém, nem sempre isso é viável. Não raras vezes, um ato administrativo é vinculado em determinados aspectos e discricionário em outros. É o que ocorre no caso da outorga, como bem elucida Paulo Afonso Leme Machado, para quem:

> O deferimento da outorga está condicionado às prioridades de uso estabelecidas nos Planos de Recursos Hídricos, ao enquadramento do corpo de água, à manutenção de condições adequadas ao transporte aquaviário e à preservação do uso múltiplo dos recursos hídricos (art. 13 e seu parágrafo único da Lei 9.433/1997). O ato administrativo da outorga é de natureza vinculada ou regrada quanto aos aspectos referidos, não podendo o servidor público colocar outros interesses públicos para justificar o deferimento, se as circunstâncias da lei estiverem desatendidas.
>
> Respeitada a parte vinculada do ato administrativo da outorga, este ato poderá conter uma parte discricionária, que deve ter clara e ampla motivação, manifestando a sua 'legalidade, moralidade e impessoalidade' (art. 37 da CF), para que não se caia na arbitrariedade. A discricionariedade ocorrerá através de uma escolha baseada na maximização de um interesse público não apontado explicitamente na legislação.[248]

Desse modo, diante de um pedido de outorga, o ente público deve analisar, primeiramente, se o uso pretendido confronta a legislação. Se houver violação das normas incidentes à espécie, não resta outra alternativa senão negar a postulação. Do contrário, surge a faculdade de conceder ou não a outorga. Nesse ponto, prevalecem os critérios de oportunidade e conveniência, pois, como regra geral, os entes federados não são *obrigados* a conceder o uso de um bem público a um particular, com exclusividade, ainda mais quando se trate de bem de uso comum do povo. Podemos tomar como exemplo o caso de um edifício situado no centro de uma cidade onde haja rede pública de

---

[248] MACHADO, P., 2002, p. 66.

abastecimento de água que, pretendendo reduzir os custos de condomínio, resolve, após deliberação em assembléia, solicitar a outorga ao Estado para uso de água subterrânea. O ente público pode, tranqüilamente, indeferir o pleito sob o fundamento de que a água do subsolo daquele local deve ser mantida em seu estado natural, pois constitui reserva a ser utilizada na hipótese de necessidade eventual e futura, caso de uma escassez decorrente de estiagem prolongada.

Entende-se, não obstante, que existe uma exceção à regra, verificável quando o pedido de outorga é destinado ao consumo humano ou para a dessedentação de animais, e não há outras formas de satisfação desses usos prioritários (art. 1º, III, da Lei nº 9.433/97). Relativamente ao consumo humano, não podemos esquecer que a água é indispensável para a saúde, vida e dignidade da pessoa, sendo, portanto, um direito fundamental porque atrelado a todos esses outros e por integrar o meio ambiente, atualmente elevado a essa categoria. Então, como regra, sustentamos que inexiste direito à exigibilidade da outorga, mas, como exceção, esse direito é verificável quando o pleito se destina à satisfação das necessidades de consumo humano ou para a dessedentação de animais. Portanto, se uma comunidade era abastecida pela água de um rio que seca em função de prolongada estiagem, terá direito à outorga para uso de recurso hídrico subterrâneo – salvo se razões de interesse público justificarem a recusa administrativa, como no caso da contaminação do aqüífero de onde se pretende captar a água –, a fim de satisfazer suas necessidades básicas, até que a situação excepcional se mantenha, pois a própria outorga pode condicionar a sua vigência à permanência dessa adversidade.

De outra banda, a doutrina debate, principalmente, se a outorga materializa-se por autorização, permissão ou concessão de bem público. Maria Luiza Machado Granziera discorre que se estará diante de concessão no caso de utilidade pública, enquanto a autorização será o meio adotado para os demais usos. Porém, conclui a autora defendendo que:

> Essas disposições levam à reflexão de que a denominação de autorização, para as outorgas, não é adequada. Tampouco seria a de concessão. Na verdade, trata-se de uma figura 'sui generis' do direito administrativo, pelas suas especificidades e diversidade de natureza, em função da finalidade de usos. Mais útil e claro seria denominar o instituto simplesmente como 'outorga de direito de uso de recursos hídricos', sem a preocupação de enquadrá-lo em institutos outros

que, de resto, já ensejam uma conceituação tormentosa, como é o caso, por exemplo, da licença ambiental.[249]

Embora se concorde que a denominação não é fundamental, pois o que importa são as características da outorga, entendemos que, tendo a Lei nº 9.984/2000, em seu art. 4º, IV, estabelecido que a outorga se implementa por autorização, e adequando-se ela plenamente ao referido instituto, força é concluir que o ato administrativo em foco é *sempre* formalizado via autorização.[250]

Atente-se, por outro lado, para a disposição de que a outorga pode ser requerida e emitida preventivamente, em nível federal, consoante prevê o art. 6º, *caput*, e §§ 1º e 2º da Lei nº 9.984/2000. Essa outorga prévia destina-se à reserva da vazão passível de outorga a fim de que os investidores possam planejar seus empreendimentos que necessitem desses recursos. Todavia, mesmo que obtida a outorga preventiva, o investidor não adquire com ela o direito de uso do recurso hídrico, sendo necessário requerimento posterior de concessão da outorga de uso.

Finalmente, não olvidamos do fato de que a outorga não é conferida à pessoa, mas à atividade por ela desempenhada, de sorte que, uma vez alienada, por exemplo, a residência servida pela água a partir de outorga para exploração de um recurso hídrico subterrâneo, o novo proprietário do imóvel continuará usufruindo da autorização estatal para uso da água, devendo obedecer às limitações e às condicionantes impostas no ato administrativo. Porém, apenas para fins de controle burocrático, deve o adquirente do bem imóvel referido formalizar a transferência da outorga junto ao órgão competente.

2.2.3. Cobrança pelo uso da água

Preliminarmente, ressalte-se que, no item 1.2.3.6, foram abordados alguns aspectos socioambientais relacionados ao pagamento pelo uso da água. No presente tópico, serão desenvolvidas outras questões

---

[249] GRANZIERA, 2001, p. 201-202.
[250] Maria Sylvia Zanella Di Pietro trata corretamente da autorização nos seguintes termos: "Pode-se, portanto, definir a autorização administrativa, em sentido amplo, como o ato administrativo unilateral, discricionário e precário pelo qual a Administração faculta ao particular o uso privativo de bem público, ou o desempenho de atividade material, ou a prática de ato que, sem esse consentimento, seriam legalmente proibidos" (DI PIETRO, 2001, p. 211).

relevantes envolvendo a temática, enfocando-se mais detidamente os seus aspectos jurídicos.

A cobrança pela água não é uma inovação brasileira. Antes de ser efetivamente implementada em nosso País, ela já consiste em realidade em Canadá, Estados Unidos, Alemanha, França, Holanda, Chile, Argentina e México,[251] concluindo-se, por essa exemplificação, que alcança nações desenvolvidas e subdesenvolvidas (ou em desenvolvimento), bem como tanto ricas quanto pobres em disponibilidade de recursos hídricos.

É importante lembrar[252] que, no Brasil, as pessoas pagam apenas pelo *serviço* de saneamento básico, e não pelo uso do recurso hídrico. A cobrança pelo uso[253] atualmente consiste em instrumento da Política Nacional de Recursos Hídricos, ao lado da outorga, nos termos do art. 5º, III e IV, da Lei nº 9.433/97. Não obstante, não foi a referida Lei das Águas que introduziu o instituto em nosso sistema jurídico. Deveras, a cobrança já poderia ser exigida há bastante tempo – desde que houvesse a sua regulamentação –, com base nos arts. 68 do Código Civil de 1916; 36, § 2º, do Decreto 24.643/34 (Código de Águas); e 4º, VII, da Lei nº 6.938/81. Todavia, somente após a entrada em vigor da Lei da Política Nacional de Recursos Hídricos é que o instrumento "ganhou vida", e, em alguns locais, como na Bacia do Rio Paraíba do Sul, a cobrança já é feita.

Os objetivos com a cobrança pelo uso da água são salutares, consistindo, como prevê o art. 19 da Lei nº 9.433/97: a) no reconhecimento da água como bem econômico; b) em possibilitar ao usuário que tenha noção do real valor desse recurso ambiental; c) no incentivo à racionalização do uso da água; e d) na obtenção de recursos financeiros para o financiamento dos programas e intervenções contemplados nos planos de recursos hídricos.

Destaque-se que os objetivos "b" e "c" foram analisados no item 1.2.3.6, importando, agora, que se abordem os classificados nas alíneas "a" e "d".

---

[251] GRAF, 2003, p. 70.

[252] Tal referência já foi feita em nota de rodapé constante da Introdução.

[253] Reforce-se que a cobrança se dá pelo direito de uso da água, e não pela alienação parcial do recurso hídrico (art. 18 da Lei nº 9.433/97), pois este constitui bem público de uso comum do povo inalienável.

Quanto ao reconhecimento da água como bem econômico, por mais que se possa criticar essa assertiva do ponto de vista ambiental, não é possível deixar de reconhecer que se trata de uma realidade social globalizada, tanto que a água, hodiernamente, é alvo de cobiça e exploração pelas grandes corporações mundiais. Como se consignou dantes, a importância econômica que teve o petróleo no Século XX está reservada aos recursos hídricos no Século em curso. E é justamente baseado nesse fundamento da Política Nacional de Recursos Hídricos (art. 1º, II, da Lei das Águas) que é possível a cobrança pelo uso do líquido público.

De outra parte, é a cobrança pela utilização da água que viabilizará, financeiramente – na forma do art. 22, I e II, da Lei acima referida – as ações dos planos de recursos hídricos – previstos nos arts. 6º a 8º da Lei nº 9.433/97 – e a operacionalização das agências de águas – disciplinadas pelos arts. 41 a 44 da referida Lei. São os fins da Política Nacional de Recursos Hídricos que devem ser priorizados, razão pela qual apenas 7,5% do valor arrecadado serão aplicados no pagamento de despesas de implantação e custeio administrativo dos órgãos e entidades integrantes do Sistema Nacional de Gerencialmento de Recursos Hídricos (§ 1º do art. 22) – que são os meios necessários ao alcançamento dos objetivos da Lei –, e o restante será destinado à implementação do que conste nos planos de recursos hídricos. Acrescente-se que os valores arrecadados com a cobrança serão aplicados prioritariamente na bacia hidrográfica em que foram gerados (art. 22, *caput*), donde se conclui que podem ser aplicados fora da bacia que proporcionou os recursos financeiros. Essa hipótese somente será viável se a bacia citada não necessitar do dinheiro para quaisquer fins e houver autorização expressa nesse sentido no plano de aplicação dos recursos arrecadados (art. 44, XI, "c").[254]

A cobrança está atrelada à outorga de uso dos recursos hídricos, consoante o art. 20 da Lei nº 9.433/97. Desse modo, a outorga é o instrumento antecedente e indispensável à viabilização da cobrança legalmente instituída. Concluímos, assim, que o uso ilícito da água não sujeita o infrator ao pagamento, o que servirá de estímulo para que as agências de água, na condição de órgãos encarregados – por delegação

---

[254] Paulo Afonso Leme Machado manifesta-se nesse sentido, e com ele concordamos integralmente, porquanto sua análise é fruto da interpretação sistemática dos dispositivos legais incidentes na espécie (MACHADO, P., 2002, p. 85).

do outorgante – pela cobrança (art. 44, III), exerçam fiscalização sobre os usos clandestinos, para que esses usuários sejam punidos por infringência ao art. 49, I, combinado com o art. 50, ambos da Lei de Águas.

Dada essa relação entre a outorga e a cobrança, também é possível afirmar que os usos que dispensam a outorga não estão sujeitos ao pagamento pela utilização da água. Assim, a legislação estabelece um sistema de justiça social (art. 193 da CF), na medida em que as pessoas menos abastadas não ficarão sujeitas ao pagamento pelo uso da água, posto que seus usos, via de regra, serão tidos como insignificantes (art. 12, § 1º, da Lei nº 9.433/97). A cobrança, portanto, não afastará a incidência do princípio do acesso universal à água.

Ademais, a cobrança é feita com base no uso efetivo do recurso ambiental, pelo que, havendo suspensão ou revogação da outorga, a conseqüência será a cessação da utilização da água e da cobrança a ela relacionada.

A fixação dos valores a serem cobrados envolve as agências de água, os comitês de bacia hidrográfica e os conselhos de recursos hídricos (nacional e estaduais). Às agências de água compete propor aos respectivos comitês de bacia hidrográfica os valores a serem cobrados (art. 44, XI, "b"); aos comitês compete estabelecer os mecanismos de cobrança e sugerir os valores a serem cobrados (art. 38, VI); e aos conselhos compete deliberar sobre as questões que lhe tenham sido encaminhadas pelos comitês de bacia hidrográfica (art. 35, IV), o que lhe confere poder de decisão sobre os valores que serão objeto de cobrança pelo uso da água. Esses valores não serão arbitrados sem quaisquer critérios, pois a lei dispõe que, na sua fixação, devem ser observadas, dentre outras, as diretrizes que estabelece nos incisos I e II do art. 21 da Lei nº 9.433/97. Sugere-se que sejam estabelecidos valores diferenciados e mais reduzidos para quem lança resíduos líquidos ou gasosos tratados nos corpos d'água, estimulando-se, assim, o tratamento do esgoto e demais resíduos assemelhados antes de entrarem em contato com o meio ambiente, pois assim estar-se-á preservando as águas e a própria natureza de uma forma geral.

O instrumento da Política Nacional de Recursos Hídricos *sub examine* está baseado no princípio geral aplicável à tutela do meio ambiente do usuário/poluidor-pagador.[255] Com base nele, busca a co-

---

[255] Esse princípio já estava incorporado ao nosso ordenamento positivo por força do art. 4º, VII, da Lei nº 6.938/81.

brança internalizar as externalidades, ou seja, passa a ocorrer a internalização dos custos da poluição ambiental e/ou do uso dos recursos naturais no processo de produção/utilização, que repercutirá no custo final do produto. Então, os preços englobarão também os custos ambientais externos à produção, e quem passará a arcar com os ônus pela degradação e/ou exploração do bem público serão os beneficiários diretos ou indiretos dessa atividade, e não mais o Estado, que, na verdade, socializava os custos dos danos/usos ambientais com os contribuintes de um modo geral. Referindo-se ao princípio do poluidor-pagador, Daniela Oliveira elucida: "o princípio em questão pretende fazer com que os custos não sejam suportados, nem pelo Poder Público, nem por terceiros, mas sim pelos utilizadores".[256]

É inegável que, quando a cobrança passe a ser regra no Brasil, a primeira reação daqueles atingidos com o pagamento pelo uso da água será uma forte resistência, que será mais intensa por parte dos grandes usuários.[257] O segredo para a superação dessa dificuldade é a integração da comunidade no processo de cobrança e a sua conscientização do real valor da água (art. 19, I, da Lei nº 9.433/97).

Finalmente, inexiste dúvida em torno da natureza jurídica da cobrança: constitui receita pública que não se enquadra no conceito de tributo. É, segundo a doutrina predominante, preço público, já que se trata de fonte de exploração de bem público – de uso comum do povo.[258]

2.3. COMPETÊNCIA MATERIAL E LEGISLATIVA SOBRE ÁGUAS

O conceito de competência adotado por grande parte da doutrina moderna é extraído da lição de José Afonso da Silva, nos seguintes termos:

---

[256] OLIVEIRA, Daniela. Responsabilidade pós-consumo. *Revista do Ministério Público,* Porto Alegre, n. 51, p. 287-339, ago./dez. 2003, p. 308.

[257] "É evidente que o tema é polêmico e que acarreta sérias conseqüências econômicas. Imagine-se, a título de exemplo, uma indústria que venha utilizando há anos as águas de um rio e que se veja obrigada, agora, a pagar pelo uso. É óbvio que isso representará um custo maior e exigirá da empresa um realinhamento de suas contas." (FREITAS, 2003, p. 22).

[258] Tal é a posição adotada com inegável acerto por GRANZIERA, 2001, p. 222-224.

Competência é a faculdade juridicamente atribuída a uma entidade ou a um órgão ou agente do Poder Público para emitir decisões. *Competências* são as diversas modalidades de poder de que se servem os órgãos ou entidades estatais para realizar suas funções.[259]

Não enfocaremos a matéria concernente à competência jurisdicional – medida da jurisdição[260] –, uma vez que este trabalho se destina a fim diverso. Faremos uma abordagem da competência material e legislativa sobre águas previstas na atual Constituição brasileira. Gize-se que a competência material está relacionada ao poder conferido a determinado ente estatal para a prática de atos administrativos, enquanto a legislativa diz respeito ao poder outorgado a tais entes para a atividade legiferante.

A competência está distribuída entre a União, os Estados e o Distrito Federal, e os Municípios, sendo que a repartição de competências dá base à forma federativa de Estado (art. 1º da CF), na medida em que só a partir dela é possível assegurar que não há hierarquia entre os entes federados, garantindo-se a cada um a devida autonomia.

Virgínia Amaral da Cunha Scheibe resume com maestria[261] o sistema de repartição de competência lapidado por nossa Lei Maior. Partindo de sua apurada síntese, e com alguns acréscimos, podemos afirmar que a competência material pode ser exclusiva ou comum; já a legislativa pode ser exclusiva, privativa, concorrente ou suplementar. As competências da União estão enumeradas pela Constituição, as dos Estados são as remanescentes (§ 2º do art. 25 da CF), e as dos Municípios estão indicadas na mencionada Lei (art. 30 da CF). Por oportuno, destaque-se que ao Distrito Federal são atribuídas as competências legislativas reservadas aos Estados e Municípios (§ 1º do art. 32 da CF).

Competência exclusiva é aquela restrita ao ente político ao qual é atribuída, inadmitindo delegação ou suplementação, ao passo que a privativa é delegável. Há também as matérias comuns de atuação de todas as pessoas políticas (art. 23 da CF – competência material) e a competência legislativa concorrente entre União, Estados e Distrito Federal (art. 24 da CF). Nesta última, a União está limitada a estabe-

---

[259] SILVA, J., 2003, p. 477.
[260] CARNEIRO, Athos Gusmão. *Jurisdição e Competência*. 8. ed. rev. e ampl. São Paulo: Saraiva, 1997, p. 47.
[261] SCHEIBE, 2002, p. 211.

lecer normas gerais (§ 1º do art. 24 da CF), o que não exclui a competência suplementar dos Estados (§ 2º do art. 24 da CF), e, não havendo lei federal sobre normas gerais, os Estados exercerão competência legislativa plena, para atender suas peculiaridades (§ 3º do art. 24 da CF), mas a superveniência de lei da União sobre normas gerais suspende a eficácia da lei estadual, no que lhe for contrária (§ 4º do art. 24 da CF).

Na temática da água, a Constituição de 1988 estabeleceu, no art. 21, XIX, que compete à União instituir sistema nacional de gerenciamento de recursos hídricos e definir critérios de outorga de direitos de seu uso (competência material). No art. 22, IV, prevê a competência privativa da União para legislar sobre águas, podendo a lei complementar autorizar os Estados a legislar sobre a matéria (Parágrafo único do art. 22 da Constituição), o que ainda não ocorreu.

Há uma aparente confusão estabelecida pela CF em torno do tema, apontada por grande parte dos estudiosos do assunto, na medida em que, de um lado, distribui a propriedade dos recursos hídricos nacionais entre a União e os Estados, exclusivamente, sendo certo que a estes últimos está conferido o domínio do maior volume dágua existente no País – e trata-se de regra lógica e principiológica que o ente político tem competência legislativa e administrativa para tratar dos bens públicos sob seu domínio; por outro, teria a Lei Fundamental centralizado na União a competência sobre águas.

Como se fez questão de frisar, o paradoxo é apenas aparente. Na realidade, não é exigível nenhum grande esforço hermenêutico para se chegar a tal conclusão. Efetivamente, partindo-se de critérios teleológico e sistemático de interpretação, concluímos que a concentração de determinadas competências sobre recursos hídricos na União, em primeiro lugar, não exclui dos Estados e Municípios a possibilidade de, nas esferas material e legislativa, tratarem do assunto; em segundo, são salutares os conteúdos dos arts. 21, XIX, e 22, IV, da CF, porquanto possibilitam que nosso País, de dimensão continental, tenha regramento uniforme[262] em aspectos fundamentais relacionados à água – recurso

---

[262] Virgínia Scheibe leciona: "Parece-nos que a preocupação do legislador constituinte em centralizar a competência legislativa em matéria de águas, melhor se interprete como a de garantir uma política única, de âmbito nacional, para suportar uma gestão coordenada dos recursos hídricos. Desiderato esse perfeitamente justificável em se tratando de matéria de interesse de toda a Nação, de um assunto nacional, portanto, a reclamar um tratamento uniforme e equilibrado" (SCHEIBE, 2002, p. 213).

que não é limitado por fronteiras, limitando-as, contudo, muitas vezes –, o que coíbe, *v.g.*, que cada Estado e Município trate dos recursos hídricos como bem entender, sem qualquer embasamento em um sistema unificado nacionalmente de gerenciamento desse recurso ambiental.

Para elucidar o acima sustentado, cite-se que a regulamentação do art. 21, XIX, da CF foi efetivada pela Lei nº 9.433/97, que instituiu a Política Nacional de Recursos Hídricos e criou o Sistema Nacional de Gerenciamento de Recursos Hídricos, sendo que aquela (a Política) é implementada por este (o Sistema), na forma do art. 32, III, da Lei nº 9.433/97. Feita essa consideração preliminar, observe-se que, dentre outros, são instrumentos da Política Nacional a outorga dos direitos de uso de recursos hídricos e a cobrança pelo uso de recursos hídricos (art. 5º, III e IV), estabelecendo a Lei de Águas o regramento básico de tais institutos, sem esgotá-los. Assim é que, no tocante à outorga, *v.g.*, caberá a cada Estado federado, relativamente às águas de sua propriedade, estabelecer critérios para a sua concessão, bem como as condições que devem ser observadas durante a sua vigência, de acordo com as peculiaridades regionais.

Ocorre que a água está enquadrada no conceito de recurso ambiental (art. 3º, V, da Lei nº 6.938/81), integrando assim o meio ambiente, e está diretamente relacionada com a saúde dos seres vivos de um modo geral, como se analisou detidamente no corpo do presente estudo. E nossa Constituição dispõe ser competência (material) comum de todos os entes federados cuidar da saúde e da assistência pública (art. 23, II), proteger o meio ambiente e combater a poluição em qualquer de suas formas (art. 23, VI), preservar as florestas, a fauna e a flora (art. 23, VII) – lembrando-se que a preservação da vegetação e, em especial, da mata ciliar, repercute diretamente na qualidade e quantidade da água – e promover a melhoria das condições de saneamento básico (art. 23, IX); ainda, prevê competir à União, aos Estados e ao Distrito Federal legislar concorrentemente sobre defesa dos recursos naturais, proteção do meio ambiente e controle da poluição (art. 24, VI), responsabilidade por dano ao meio ambiente (art. 24, VIII) e proteção e defesa da saúde (art. 24, XII); por fim, concede aos Municípios competência para legislar sobre assuntos de interesse local (art. 30, I), suplementar a legislação federal e a estadual no que couber (art. 30, II) e organizar e prestar os serviços públicos de interesse local (art. 30, V) – dentre esses serviços públicos está o de saneamento básico.

A partir do confronto entre o art. 22, IV, e os dispositivos acima referidos, todos constitucionais, é que surge a seguinte indagação: como se deve interpretar esse aparente conflito?

Maria Luiza Machado Granziera enfoca a questão com inegável pertinência,[263] *verbis:*

> A expressão 'legislar sobre águas', no entender de Cid Tomanik Pompeu, significa que cabe à União estabelecer normas gerais, de aplicação nacional, incidentes sobre as águas federais e estaduais, com a finalidade de criar, alterar ou extinguir direitos sobre a água. Não se confundem esses direitos com as normas administrativas, mesmo que sob a forma de lei.
>
> Segundo o citado jurista, a criação, alteração e extinção de direitos sobre a água é bem diversa da instituição de normas administrativas referentes à utilização, preservação e recuperação do recurso, na qualidade de bem público. O titular do domínio sobre a água tem o poder-dever de administrá-la e de definir sua repartição entre os usuários, cujo uso pode ser gratuito ou retribuído, e de organizar-se administrativamente para tanto.

Enfocando a água como um recurso inserido no meio ambiente, Luiz Alberto Davi Araújo sustenta[264] que deixar o tema para o legislador corrente se apresenta como a melhor decisão e, com isso, estar-se-á prestigiando nosso sistema federativo que, como bem lembrado, é cláusula pétrea (art. 60, § 4º, I, da CF). O autor vai mais além e, de forma irreparável, defende que, havendo normas de mais de um ente federado envolvendo a proteção ambiental – que é uma questão nacional – e, conseqüentemente, da água, deve prevalecer a regra de maior proteção, em homenagem ao princípio da dignidade da pessoa humana, à tutela difusa – presente e futura – do meio ambiente e porque todos têm a tarefa de legislar acerca do tema.

Defendemos que, com base no art. 24 da CF, poderão os Estados e o Distrito Federal legislar sobre águas – quando houver correlação com a preservação e proteção do meio ambiente, e proteção e defesa da saúde – de forma suplementar (§ 2º do art. 24) ou plena, neste último caso quando inexista lei federal sobre normas gerais (§ 3º do art. 24). Por outro lado, o art. 30 da CF confere aos Municípios o poder de legislar sobre o tema de forma autônoma e suplementar, quando pre-

---

[263] GRANZIERA, 2001, p. 69.
[264] ARAÚJO, Luiz Alberto David. A Função Social da Água. In: ARAÚJO, Luiz Alberto David (Coord.). *A Tutela da Água e algumas implicações nos direitos fundamentais.* Bauru: ITE, 2002. p. 35.

sente o interesse local[265] (incisos I e II do art. 30). Já à União competirá, privativamente (art. 22, IV), legislar sobre toda e qualquer questão envolvendo águas que não esteja relacionada com os assuntos antes elencados – meio ambiente e saúde –, como classificação e denominação dos corpos d'água, prioridades de uso do recurso natural; e, de forma comum, por meio de normas gerais (art. 24, § 1º), quando haja relação entre o recurso hídrico e as matérias referidas, como estabelecendo parâmetros nacionais para a cobrança e outorga.

José Afonso da Silva frisa[266] que os Estados não têm-se furtado de legislar sobre recursos hídricos, nos seguintes termos:

> As Constituições dos Estados, contudo, não se omitiram na consideração da matéria. Ao contrário, fundados na competência comum dos Estados para proteger o meio ambiente e combater a poluição em qualquer de suas formas (art. 23, VI), assim como na sua competência para legislar concorrentemente sobre a proteção do meio ambiente e controle da poluição (art. 24, VI) e, ainda, sobre a responsabilidade por dano ao meio ambiente (art. 24, VIII), os constituintes estaduais inseriram nas respectivas Constituições capítulos desenvolvidos sobre a matéria, reservando espaço para a proteção dos recursos hídricos.

De outra parte, a Lei Orgânica da Saúde (Lei nº 8.080/90) traz importantes regras que se coadunam com o que até então se sustentou a respeito da competência em matéria de recursos hídricos. Inicialmente, importa trazer à baila o conceito legal de vigilância sanitária: "Entende-se por vigilância sanitária, um conjunto de ações capaz de eliminar, diminuir ou prevenir riscos à saúde e de intervir nos problemas sanitários decorrentes do meio ambiente, da produção e circulação de bens e da prestação de serviços de interesse da saúde, abrangendo:" (§ 1º do art. 6º da referida Lei). Percebe-se que o serviço de vigilância sanitária está relacionado à saúde e ao meio ambiente, tendo, portanto, estreita ligação com a proteção, preservação e utilização dos recursos hídricos.

Delineadas tais bases, podemos aprofundar o estudo da Lei nº 8.080/90 para destacar que as ações e serviços públicos de saúde

---

[265] Paulo Affonso Leme Machado escreve que "Os efluentes domésticos e industriais são matéria de inegável interesse local. Assim, o Município pode suplementar, de forma mais restritiva, as normas de emissão federais e estaduais, como, também, poderá ter norma autônoma, desde que comprove o interesse local (art. 30, I, da CF) e estejam a União e o Estado inertes no campo normativo. Não pode, entretanto, o Município legislar sobre o volume dos recursos hídricos e/ou a classificação das águas, pois nesse caso estaria invadindo a competência privativa da União" (MACHADO, P. 2002, p. 21).
[266] SILVA, J., 2000, p. 118.

obedecem a diversos princípios, dentre os quais o da descentralização político-administrativa, com ênfase na descentralização dos serviços para os Municípios (art. 7º, IX, "a"). A Lei estabelece competir à direção nacional do SUS participar na formulação e na implementação das políticas de controle das agressões ao meio ambiente e de saneamento básico (art. 16, II, "a" e "b"), definir e coordenar o sistema de vigilância sanitária (art. 16, III, "c"), participar da definição de mecanismos de controle, com órgãos afins, de agravos sobre o meio ambiente, ou dele decorrentes, que tenham repercussão na saúde humana (art. 16, IV), bem como promover a descentralização, para as unidades federadas e para os municípios, dos serviços e ações de saúde, respectivamente, de abrangência estadual e municipal (art. 16, XV); à direção estadual compete promover a descentralização, para os municípios, dos serviços e das ações de saúde (art. 17, I), prestar apoio técnico e financeiro aos municípios e executar supletivamente ações e serviços de saúde (art. 17, III), coordenar e, em caráter complementar, executar ações e serviços de vigilância sanitária (art. 17, IV, "b"), participar, junto com os órgãos afins, do controle dos agravos do meio ambiente que tenham repercussão na saúde humana (art. 17, V), assim como participar da formulação da política e da execução de ações de saneamento básico (art. 17, VI); e à direção municipal compete executar serviços de vigilância sanitária e de saneamento básico (art. 18, IV, "b" e "d"), além de colaborar na fiscalização das agressões ao meio ambiente que tenham repercussão sobre a saúde humana e atuar junto aos órgãos municipais, estaduais e federais competentes, para controlá-las (art. 18, VI).

Desse modo, a legislação pátria atribui aos Estados e Municípios competência executiva nas ações ligadas ao meio ambiente, vigilância sanitária e saneamento básico, o que nos permite reforçar a legalidade do exercício do poder de polícia desses entes políticos nas questões atinentes à água que tenham repercussão na saúde humana, e na preservação e proteção ambientais.

Para tornar mais concretos os efeitos desse regramento, tome-se como exemplo uma situação que cada vez será mais comum em nosso cotidiano. Sabe-se que a perfuração de poços artesianos e o consumo da água subterrânea deles proveniente podem gerar danos à saúde humana e degradação ambiental. Mais, também é certo que as águas localizadas abaixo do solo pertencem aos Estados (art. 26, I, da CF), pelo que sua utilização está sujeita à outorga conferida por esse ente estatal. Todavia, mesmo que a outorga deva ser emitida por órgão do Estado, o Município onde se localize a fonte alternativa tem, com base em toda a legislação acima referida, inegável competência para exercer o poder de polícia administrativa no que tange à perfuração de poços e à utilização da água retirada do subterrâneo. Se a água estiver contaminada, o órgão de vigilância sanitária municipal deverá agir imediatamente, visando à preservação da saúde de sua população, inclusive suspendendo/interditando a atividade, com o lacre da fonte. Ainda, se tal órgão constatar a perfuração de um poço sem a competente outorga, poderá impedir a conclusão da obra, porquanto há uma presunção de que a atividade é potencialmente geradora de risco à saúde pública e ao meio ambiente, tendo-se em conta sua natureza e a falta de autorização do órgão "licenciador". Uma terceira hipótese que se aventa *ad argumentandum tantum* é a situação de um prédio com inúmeras unidades consumidoras de água proveniente de um poço comum – coletivo –, levada a cada uma delas por intermédio de canalização, porém, o condomínio não está cumprindo as condicionantes expressamente previstas no instrumento de outorga; nesse caso, constatando a vigilância municipal a irregularidade, e pelos mesmos fundamentos supra, deverá adotar providências tendentes a obrigar o outorgado a regularizar sua situação, sob pena da adoção, como medida última – salvo nos casos em que a tomada de medidas cautelares for exigível –, da suspensão/interdição da atividade.

2.4. OBRIGATORIEDADE DO CONSUMO HUMANO DA ÁGUA FORNECIDA PELO SISTEMA DE ABASTECIMENTO PÚBLICO

Dentre tantas outras questões, a obrigatoriedade do consumo humano da água fornecida pelo sistema de abastecimento público também é polêmica, merecendo enfrentamento teórico e prático na atualidade, uma vez que a matéria começa a ser debatida em níveis administrativo e judicial pelos interessados, e cada vez com maior freqüência.

Desde logo, é oportuno deixar claro que somente a lei pode impor às pessoas a obrigação de que tratamos, pois, em nosso sistema jurídico-constitucional, há regramento preciso no sentido de que *ninguém será obrigado a fazer ou deixar de fazer alguma coisa senão em virtude de lei* (art. 5º, II, da CF). Como inexiste lei federal sobre o tema, até o momento, e levando-se em consideração que o serviço de saneamento básico é fornecido, como regra, pelos Municípios e Estado-Membros, diretamente ou pela via da terceirização regularmente licitada, a norma impositiva da obrigação será municipal ou estadual, o que se compatibiliza com a competência comum de todos entes federados e dos Municípios para melhoria das condições de saneamento básico (art. 23, IX, da CF).

Portanto, a verificação concreta da obrigatoriedade em tela dependerá da existência de normativo editado pelos Municípios e Estados, variando, assim, de acordo com a localidade do País. Não obstante, há algumas ponderações de ordem teórica que entendemos oportunas a fim de se conscientizarem os operadores do Direito e, em especial, os administradores públicos e legisladores da importância de obrigar-se a população a consumir a água fornecida a partir do serviço público competente, as quais serão adiante deduzidas, citando-se, por fim, o exemplo do Estado do Rio Grande do Sul, que legislou sobre a temática há muitos anos e, no nosso entender, de forma salutar.

O primeiro aspecto que é digno de atenção diz com o fato de que o consumo da água fornecida pelo ente público ou pelo prestador de serviço público terceirizado traduz inegável controle sobre a saúde coletiva da população *beneficiada*[267] com a rede pública. Efetivamente, é cediço que a qualidade da água destinada ao consumo humano guarda direta e histórica relação com a saúde – ou com a falta dela – e com a vida, sendo comuns os casos de doenças e morte em decorrência da falta d'água ou do uso de água poluída. Lembre-se que, consoante exposto no item 1.2.2.2, dados da Organização Mundial de Saúde apontam que 80% das doenças do mundo se ligam à ausência de água tratada.

Assim, se o controle de qualidade da água é feito na base de distribuição do líquido que chegará a todas as economias alcançadas pela

---

[267] Pelas mais diversas razões, e, em especial, pelo fato de que muitos em nosso País são carentes de água potável nos mais diversos níveis, é possível afirmar que aquelas pessoas residentes em locais abastecidos pela rede pública de água são verdadeiras privilegiadas, e somente a estas pode ser imposta a obrigação de uso da água entregue a partir do serviço público, pois os não-beneficiados por dito serviço, legitimados por questão de sobrevivência e de dignidade, têm o direito – e isso é natural – de se valerem de fontes alternativas a fim de obterem o líquido fundamental para a existência de todas as formas de vida.

rede pública, torna-se possível evitar um grande número de doenças chamadas de veiculação hídrica.

Sustentam aqueles que consomem água de fontes alternativas e os interessados na sua propagação por razões de ordem econômica – que aqui são relegadas a segundo plano –, como os proprietários de empresas perfuradoras de poços artesianos, que a água subterrânea é mais pura e saudável do que a tratada, apresentando para tanto exames laboratoriais de inexistência de elementos tóxicos em seu meio e enfatizando competir ao poder público exercer a fiscalização visando à constatação de impropriedade da água extraída do subsolo. Contudo, essa visão interessada e privatista deixa de considerar vários fatores tangentes ao interesse público, como: a impossibilidade de efetivo exercício do poder de polícia constante sobre todas – ou mesmo sobre a grande maioria – (d)as fontes alternativas, dificultado sobremaneira por questões de ordem econômica e até mesmo pela inviolabilidade de domicílio (art. 5º, XI, da CF), de regra afastada a partir de determinação judicial; o fato de que as análises laboratoriais feitas na água de abastecimento coletivo são, em geral, mais aprofundadas do que as análises particulares, especialmente em decorrência de seu elevado custo; o fato de que os detentores de poços artesianos normalmente não fazem análises periódicas da água que consomem, desconhecendo, na mais das vezes, que um exame técnico de água pode apresentar bons resultados em dado momento e, em outra oportunidade, até mesmo em curto lapso temporal, evidenciar impropriedade do recurso hídrico para uso determinado; dentre outros.

A segunda questão é ambiental, tendo sido estudada no item 1.5, oportunidade em que ponderamos ser fundamental levar em conta o conjunto de perfurações do solo e a repercussão dessa ação em nível global, e não simplesmente uma perfuração isolada, a qual certamente é inofensiva ao meio ambiente. A realidade, todavia, é de uso cada vez mais intenso da água subterrânea, e este é inegavelmente nocivo ao meio ambiente, donde se inclui o próprio homem, que está utilizando na atualidade uma fonte de reserva que pode fazer falta – e provavelmente fará – em um futuro não muito distante, prejudicando as presentes e futuras gerações, que deveriam estar sendo protegidas, tal como bem colocado em nossa Lei Maior (art. 225, *caput*).

Mais, o sistema de saneamento básico abrange o fornecimento de água potável e o recolhimento e tratamento do esgoto sanitário. Quem abastece a população com água também deve ser responsável pela destinação dos resíduos líquidos. As redes de fornecimento de água e de coleta de esgoto são diversas, mas a cobrança pelos serviços é vinculada. Como é muito difícil mensurar a quantidade de esgoto despejado na rede pública, estima-se que quem consome mais água produz mais resíduos líquidos, pelo que a remuneração do serviço de saneamento é, via de regra, atrelada à quantidade de água consumida. Se não há consumo em razão do uso de fontes alternativas, o morador está se enriquecendo ilicitamente, em detrimento dos demais membros da sociedade, porquanto despeja esgoto nos canos de coleta, mas não paga pelo serviço correspondente. Isso, evidentemente, naqueles locais onde existe sistema de coleta e tratamento de esgoto, e a economia está a ele ligada.

Por fim, não se pode esquecer que os recursos destinados à construção e manutenção de uma rede pública de abastecimento de água são, em última análise, dinheiro proveniente de toda a população, gerido, contudo, por seus representantes eleitos (art. 1º, parágrafo único, da Constituição). Além disso, é inegável que os recursos são limitados, enquanto as necessidades são infinitas, pelo que o desperdício de dinheiro público não pode ser tolerado, sob pena de comprometimento de direitos fundamentais do indivíduo, que, vistos em perspectiva global, são tipicamente coletivos.

Assim, tendo-se em vista que o custo da implantação de rede pública de fornecimento de água é extremamente elevado – tanto que, dentre as mazelas nacionais, está presente a sua falta em muitas localidades habitadas –, e que a manutenção desta somente é viável se houver consumo da água tratada por aqueles que a tem à sua disposição, o mais prudente e lógico é que a lei estabeleça esse uso como uma imposição coletiva, que tem por escopo beneficiar o próprio consumidor. Não se está a propor consumo mínimo – pois essa não é a finalidade do trabalho, deixando, portanto, de ser aqui examinada –, mas, havendo consumo de água em qualquer quantitativo – e este sempre existirá, porquanto a água é vital –, para fins humanos, que o seja da rede pública.

Do ponto de vista jurídico, é lícita a imposição da obrigatoriedade a que aludimos, quando decorrente de lei, já que uma norma infraconstitucional somente pode ser expungida de nosso ordenamento quando eivada de inconstitucionalidade, a qual não se vislumbra na espécie. Lembre-se que, pela atual Constituição Federal, a água é integralmente pública, motivo pelo qual a lei referida não é restritiva do uso da propriedade privada, regulando, ao contrário, o uso de bem público.

Na doutrina, é raro o enfrentamento do assunto. Hugo de Brito Machado – renomado tributarista –, porém, ao abordar a temática referente a ser taxa ou preço público a remuneração resultante do serviço de fornecimento de água, acaba por afirmar a possibilidade de a lei impor obrigatoriedade ao consumo do recurso hídrico do serviço público, ainda que tacitamente, *verbis:*

> O mesmo pode ser dito do serviço de água e esgoto. Se há norma proibindo o atendimento da necessidade de água e de esgoto por outro meio que não seja o serviço público, a remuneração correspondente é taxa. Se a ordem jurídica não proíbe o fornecimento de água em pipas, nem o uso de fossas, nem o transporte de dejetos em veículos de empresas especializadas, nem o depósito destes em locais para esse fim destinados pelo Poder Público, ou adequadamente construídos pela iniciativa privada, então a remuneração cobrada pelo serviço público de fornecimento de água e esgoto é preço público. Se, pelo contrário, existem tais proibições, de sorte a tornar o serviço público o único meio de que se dispõe para o atendimento da necessidade de água e de esgoto, então a remuneração respectiva será taxa.[268]

A jurisprudência existente sobre a questão analisa leis de abrangência restrita, só sendo encontrável naqueles Estados em que, por intermédio de lei municipal ou estadual, a obrigatoriedade referida ocorre.

Por isso, tomar-se-á como exemplo a legislação atualmente em vigor no Estado do Rio Grande do Sul para, a partir dela, possibilitar-se o estudo das decisões estaduais que afirmam ou afastam a incidência da norma.

A Lei Estadual nº 6.503, de 1972, dispõe, em seu art. 18, o seguinte:

> Art. 18 – É obrigatória a ligação de toda construção considerada habitável à rede pública de abastecimento de água e aos coletores públicos de esgoto.

Regulamentando esse dispositivo, o Decreto nº 23.430/74 – conhecido como Código Sanitário Estadual –, nos arts. 87, 96 e 97 prevê:

> Art. 87 – Somente pela rede pública de abastecimento de água potável, quando houver, far-se-á o suprimento da edificação.
>
> Art. 96 – Nas zonas servidas por rede de abastecimento de água potável, os poços serão tolerados exclusivamente para suprimento com fins industriais ou

---

[268] MACHADO, Hugo de Brito. *Curso de Direito Tributário.* 19. ed. rev., atual e ampl. São Paulo: Malheiros, 2001, p. 370-371.

para uso em floricultura ou agricultura, devendo satisfazer as seguintes condições:

Art. 97 – Nas zonas não dotadas de rede de abastecimento de água potável será permitido o suprimento por fontes e poços, devendo a água ser previamente examinada e considerada de boa qualidade para fins potáveis.

Ao menos em duas ocasiões, o Tribunal de Justiça do Estado do Rio Grande do Sul teve oportunidade de decidir sobre a licitude da obrigatoriedade do consumo da água fornecida pela rede estadual de abastecimento e, no nosso entender, em ambas ocasiões, amparado por pareceres do Ministério Público no mesmo sentido de suas decisões, incorreu em equívoco.

O julgado mais remoto é da Primeira Câmara Cível, datando de 18 de março de 1998, e está assim ementado:

Abastecimento de água. Ilegalidade da obrigatoriedade de ser utilizada, exclusivamente, água fornecida pela rede pública. Ausente contaminação das águas colhidas em poço artesiano, não se justifica o lacramento do poço. Segurança concedida. (Apelação Cívil nº 596214668)

Trata-se de mandado de segurança impetrado por um hospital que teve lacrado, pela municipalidade, poço artesiano de sua propriedade e que utilizava. No corpo do acórdão, o Decisor destacou a ausência de contaminação da água, enfatizando que "A submissão do abastecimento de água à fiscalização periódica pelo Poder Público, corresponde ao procedimento adequado. Se exercido com a diligência que se impõe, evitar-se-á o fornecimento de água contaminada". Ainda frisou que "a lei não estabelece tal exclusividade, como se verifica da leitura do art. 18 e §§ da Lei nº 6.503/72. Aliás, o Código de Águas permite a utilização das águas particulares, submetido tal uso à fiscalização administrativa (art. 68; no caso de águas subterrâneas, art. 96)". Sustentando que o art. 87 do Decreto nº 23.430/74 impôs exclusividade de abastecimento de água pela rede pública, quando houver, em dissonância com a lei que regulamentou, argumentou: "A disposição regulamentar, pois, há de ser interpretada em consonância com a lei que visou regar".

Os fundamentos do levantamento do lacre do poço artesiano não convencem, *data venia*. Um, porque, como foi acima enfatizado, é materialmente impossível o exercício do poder de polícia sobre todas ou a maioria das fontes alternativas, dada a imensa quantidade de economias existentes nas cidades e no meio rural, as quais deveriam ser fiscalizadas com freqüência, além de haver outros fatores impeditivos, alhures detalhados. Dois, não existem mais *águas particulares*, tal como previsto pelo Código de Águas, pelo que o Estado, titular do domínio dos recursos hídricos subterrâneos, pode, inegavelmente, restringir o uso do bem público a fim de preservar o interesse social, o qual, pelos motivos supradeclinados, é defendido pelas restrições impostas com base na Lei Estadual nº 6.503/72 e no Decreto nº 23.430/74. Três, não se vislumbra qualquer antinomia entre a Lei e o Decreto referidos, tendo este, ao contrário do afirmado no acórdão, flexibilizado a norma que regulamentou.

Com efeito, uma análise teleológica do art. 18 da Lei nº 6.503/72 e conforme com a Constituição Federal – baseada em fundamentos de saúde pública, ambientais, de sistemática do saneamento básico e de orçamento público – leva o seu intérprete à conclusão de que a obrigatória ligação de toda construção habitável à rede pública de abastecimento de água abrange o uso exclusivo do recurso hídrico levado aos consumidores por tal rede, sendo inconcebível obrigar-se apenas a conexão das economias à rede geral sem que fosse impositiva a utilização de tal serviço de natureza pública. E o Decreto regulamentar fez apenas flexibilizar o consumo obrigatório da água tratada, permitido o uso de fontes alternativas para fins industriais, floricultura e agricultura.

A outra decisão é da Segunda Câmara Cível, datando de 4 de junho de 2003, e tem a seguinte ementa:

> Apelação cível. Mandado de segurança. Direito administrativo. Interdição. Poço artesiano. Abastecimento de água. O decreto regulamentar que obriga a utilização exclusiva de água fornecida pela rede pública é ilegal, porquanto impõe restrição não prevista na Lei nº 6.503/72 e no Código de Águas.
> Recurso provido. Unânime. (Apelação Cível nº 70006156160)

Cuida-se também de mandado de segurança, impetrado por condomínio residencial com grande número de moradores – há referência, no relatório do julgado, ao número aproximado de 400 pessoas –, que teve interditado, pelo Município, o poço artesiano que abastece a todos. O voto do eminente Relator, acompanhado pelos demais Desembargadores, igualmente enfatizou que "a restrição imposta pelo mencionado Decreto Estadual não está amparada pela legislação em vigor, conquanto o Código de Águas, em seu art. 96, dispõe que:" Após a transcrição da norma referida, gizou: "Depreende-se do citado dispositivo que inexiste restrição quanto a utilização de água proveniente de poço artesiano, exceto se houver prejuízo ou diminuição das águas públicas dominicais, públicas de uso comum ou particulares, o que inocorre no presente caso". Em seguida, fez alusão ao art. 18 da Lei Estadual n° 6.503/72, sobre ela apontando: "Observa-se, desta forma, que a referida regra impõe a ligação à rede pública de abastecimento, mas não torna cogente a utilização exclusiva do sistema público de abastecimento de água", ao final do tópico anotando que "não poderia mero decreto regulamentar, que visa explicar a lei, restringir o uso do bem público." Por último, verifica-se a transcrição parcial do voto do Desembargador-Relator da Apelação Cível n° 596214668 – acima citada – e a alusão ao fato de não haver informações, nos autos, acerca de condições sanitárias deficitárias presentes na água ou no poço artesiano.

Mais uma vez, ousamos discordar da posição judicial adotada para, em uma crítica construtiva, contribuir com a modificação do enfoque a ser dado à água nos dias atuais, pois a crise dos recursos hídricos que assola o mundo todo não permite que dito recurso ambiental seja visto sob a mesma ótica existente em 1934, quando editado o Código de Águas. Ademais, é fundamental que se tenha em mente que a água subterrânea é fonte de reserva – devendo ser utilizada, portanto, somente para abastecimentos necessários –, e que a preservação da saúde dos consumidores da água não pode ser constatada caso a caso, mas de forma coletiva, e a melhor forma de proteção da saúde geral da população é o efetivo controle da água na fonte de distribuição.

É digno de registro que o caso de que trata a primeira decisão envolve o abastecimento de água de fonte alternativa em um hospital, local onde as pessoas estão normalmente mais debilitadas do que o normal, e, por tal razão, mais suscetíveis a contraírem doenças de veiculação hídrica. Já o segundo julgado envolve o abastecimento de água de poço artesiano para um grande número de moradores – devendo-se acrescer seus visitantes e empregados domésticos eventuais ou habituais –, e a contaminação dessa água, ainda que por curto lapso temporal, pode acarretar danos à saúde de todos os consumidores de tal recurso hídrico.

Em suma, a interpretação das próprias decisões estudadas evidencia a possibilidade de a legislação estadual impor a exclusividade do uso da água oriunda da rede pública, em que pese, no caso do Rio Grande do Sul, pairem as controvérsias judiciais antes citadas.

2.5. OS PAPÉIS DO MINISTÉRIO PÚBLICO E DO JUDICIÁRIO NA SOLUÇÃO DOS CONFLITOS ENVOLVENDO A ÁGUA

2.5.1. Ministério Público e a água

A Constituição Federal estabelece que "as condutas e atividades consideradas lesivas ao meio ambiente sujeitarão os infratores, pessoas físicas ou jurídicas, a sanções penais e administrativas, independentemente da obrigação de reparar os danos causados" (§ 3º do art. 225). Os principais mecanismos processuais para a responsabilização por danos gerados ao meio ambiente, na esfera civil, estão elencados na Lei nº 7.347/85 – conhecida por Lei da Ação Civil Pública. Esse diploma sofreu alterações em sua redação original por leis e medidas provisórias supervenientes, sendo as principais delas resultantes do advento da Lei nº 8.078/90 – Código de Defesa do Consumidor.

Estando os recursos hídricos inseridos no conceito de meio ambiente (art. 3º, V, da Lei nº 6.938/81), por conseqüência os instrumentos previstos na Lei nº 7.347/85 servem para a defesa da água de um modo geral, quando estiverem em discussão interesses transindividuais, que são, como regra, difusos (art. 81, parágrafo único, I, da Lei nº 8.078/90 – "eis que de natureza indivisível, de que são titulares pessoas indeterminadas e ligadas por circunstância de fato").

A Lei da Ação Civil Pública prevê dois meios fundamentais para a resolução de conflitos ambientais – como, de resto, para qualquer *outro interesse difuso ou coletivo* (art. 1º) –, que são o compromisso de ajustamento de conduta e a ação civil pública. A legitimidade para a utilização desses instrumentos é atribuída ao Ministério Público, a entes do Poder Executivo (da administração direta e indireta) e a associações que preencham os requisitos previstos na Lei (art. 5º).

O compromisso de ajustamento consiste em uma solução extrajudicial consensual, semelhante a um contrato, possuindo eficácia de título executivo (§ 6º do art. 5º da Lei nº 7.347/85). Na medida do possível, deve ser priorizado, visto que dito ajuste é mais vantajoso em relação à ação civil pública, do ponto de vista prático, na defesa de interesses coletivos *lato sensu*. Sílvia Cappelli destaca várias razões para a adoção da resolução extrajudicial:[269] a morosidade no julgamento das demandas, que, costumeiramente, são complexas; o fato de que, nos arestos que apreciam a matéria, ainda prepondera a visão privatista da propriedade em detrimento das questões ambientais; maior abrangência do compromisso de ajustamento do que da decisão judicial em face dos reflexos administrativos e criminais; menor custo, inclusive de perícias, honorários advocatícios; e maior reflexo social do ajuste, pois o consenso acarreta maior efetividade em relação ao que foi deliberado.

Há, contudo, casos em que, por haver pretensão resistida insuperável, é necessária a busca da tutela jurisdicional, surgindo a necessidade do ajuizamento de ação civil pública. Em que pese a gama de co-legitimados para essa ação, a prática evidencia que o Ministério Público é responsável por mais de 90% das demandas.[270] As ações promovidas por dita Instituição são, via de regra, instruídas com importantes elementos probatórios apontando a ocorrência do dano ambiental e seus responsáveis, uma vez que a Lei nº 7.347/85 faculta ao Órgão ministerial a instauração de inquérito civil ou de peça de informação, sob sua presidência, onde poderão ser requisitadas certidões, informações, exames, perícias (§ 1º do art. 8º), dentre outras diligências, como a colheita de depoimentos.

Enfim, o Ministério Público tem a incumbência constitucional de defender os interesses sociais e individuais indisponíveis (art. 127 da CF) – dentre os quais estão incluídas muitas questões envolvendo a água –, o que vem fazendo cada vez com maior capacidade e mais largamente,[271] embora encontre expressivas dificuldades na instrução e julgamento das ações civis públicas, sobretudo por faltar a considerável número de decisores a consciência de que o meio ambiente ecologicamente equilibrado é condição para a sobrevivência das presentes e futuras gerações. Não se pode esquecer, a propósito, que, ao

---

[269] CAPPELLI, Sílvia. Atuação Extrajudicial do MP na Tutela do Meio Ambiente. *Revista do Ministério Público*, Porto Alegre, n. 46, p. 230-260, jan./mar. 2002, p. 232-233.

[270] CAPPELLI, Sílvia. Ação Civil Pública Ambiental: a experiência brasileira, análise de jurisprudência. *Revista do Ministério Público*, Porto Alegre, n. 52, p. 279-310, jan./abr. 2004, p. 279.

[271] Como destaca Vladimir Passos de Freitas, "Na verdade, o Ministério Público, melhor estruturado e dotado de garantias constitucionais, é que realmente vem ingressando em Juízo, com isso prestando inestimáveis serviços à sociedade" (FREITAS, 2000, v. 2, p. 326).

contrário do que por vezes se preconiza, um maior número de ações civis públicas não é causa de aumento de demandas judiciais, pois, na realidade, elas contribuem "para reduzir o abarrotamento do Judiciário com um sem número de ações individuais".[272]

2.5.2. Poder Judiciário e a solução dos conflitos em torno da água

Tendo-se presente a real dimensão da importância da água e dos problemas que a cercam, sobretudo relacionados com a sua escassez quantitativa e qualitativa, parece lógico concluir que os litígios judiciais envolvendo esse recurso ambiental serão cada vez mais constantes, pelo que o Poder Judiciário tem papel destacado na construção da defesa e preservação da água, concorrendo, desse modo, para a efetivação de direitos fundamentais como a saúde, o meio ambiente ecologicamente equilibrado, a dignidade da pessoa humana, a vida.

O Desembargador Federal Vladimir Passos de Freitas destaca com propriedade que:

> Os conflitos que eram levados ao Judiciário sempre se limitaram a direitos de vizinhança ou interpretação dos dispositivos do Código de Águas. As controvérsias sobre a poluição de águas é bem mais recente. No futuro, fácil é ver, elas se multiplicarão. Teremos muitas discussões sobre propriedade da água doce, competência em matéria administrativa, privatização, outorga, uso de águas subterrâneas e outras tantas facetas deste novo problema.[273]

As demandas que chegarão ao palco judicial serão revestidas das mais variadas formas, sendo fundamental que tenhamos noção de que a defesa da água e, conseqüentemente, da vida na Terra, se dará tanto nos processos que envolvam litígios sem grandes reflexos coletivos aparentes – como no caso da interdição da um único poço artesiano –, como naquelas ações que traduzam claramente interesses difusos. Veja-se que a matéria poderá ser judicializada, *v.g.*, via mandado de segurança tendente a atacar decisão administrativa; por intermédio de ação penal, na qual, além da imposição de pena ao transgressor da norma incriminadora, deverá ser priorizada também a reparação integral do dano ambiental (arts. 27 e 28 da Lei nº 9.605/98); pela ação popular, tendo por escopo a anulação de ato lesivo ao meio ambiente

---

[272] CAPPELLI, 2004, p. 308.
[273] FREITAS, 2003, p. 25.

(art. 5°, LXXIII, da CF); pela ação civil pública, que poderá ter por objeto a condenação em dinheiro, ou o cumprimento de obrigação de fazer ou não-fazer (art. 3° da Lei n° 7.347/85), servindo igualmente dita ação de natureza transindividual para impingir ao agente público responsável por dano ambiental a imposição das sanções previstas na Lei de Improbidade Administrativa (Lei n° 8.429/92).

O Superior Tribunal de Justiça, em decisão unânime e modelar, datada de 25/02/2004, nos autos do RESP n° 518744/RN, por sua Primeira Turma, tendo por Relator o Ministro Luiz Fux, assentou que o particular desapropriado não tem direito a indenização por desapossamento de aqüífero. A ementa do aresto está assim vazada:

> Administrativo. Desapropriação. Indenização. Obra realizada por terceira pessoa em área desapropriada. Benfeitoria. Não caracterização. Propriedade. Solo e subsolo. distinção. Águas subterrâneas. Titularidade. Evolução legislativa. Bem público de uso comum de titularidade dos estados-membros. Código de Águas. Lei nº 9.433/97. Constituição Federal, arts. 176, 176 e 26, I.
>
> 1. Benfeitorias são as obras ou despesas realizadas no bem, para o fim de conservá-lo, melhorá-lo ou embelezá-lo, engendradas, necessariamente, pelo proprietário ou legítimo possuidor, não se caracterizando como tal a interferência alheia.
>
> 2. A propriedade do solo não se confunde com a do subsolo (art. 526, do Código Civil de 1916), motivo pelo qual o fato de serem encontrados jazidas ou recursos hídricos em propriedade particular não torna o proprietário titular do domínio de referidos recursos (art. 176, da Constituição Federal).
>
> 3. Somente os bens públicos dominiais são passíveis de alienação e, portanto, de desapropriação.
>
> 4. A água é bem público de uso comum (art. 1º da Lei nº 9.433/97), motivo pelo qual é insuscetível de apropriação pelo particular.
>
> 5. O particular tem, apenas, o direito à exploração das águas subterrâneas mediante autorização do Poder Público cobrada a devida contraprestação (arts. 12, II e 20, da Lei nº 9.433/97).
>
> 6. Ausente a autorização para exploração a que alude o art. 12, da Lei nº 9.433/97, atentando-se para o princípio da justa indenização, revela-se ausente o direito à indenização pelo desapossamento de aqüífero.
>
> 7. A 'ratio' desse entendimento deve-se ao fato de a indenização por desapropriação estar condicionada à inutilidade ou aos prejuízos causados ao bem expropriado, por isso que, em não tendo o proprietário o direito de exploração de lavra ou dos recursos hídricos, afasta-se o direito à indenização respectiva.
>
> 8. Recurso especial provido para afastar da condenação imposta ao INCRA o *quantum* indenizatório fixado a título de benfeitoria.

Percebe-se pelo teor da ementa – e a integralidade do acórdão é ainda mais clara nesse sentido – que o STJ está atento às inovações legislativas envolvendo a temática da água, o que é motivo de tranqüilidade para aqueles que se preocupam com o assunto, na medida em que a decisão parte de Tribunal Superior que, de uma forma ou outra, pauta os julgados monocráticos e dos colegiados ordinários.

A correta aplicação e interpretação das normas de direito material, por parte do Judiciário, é forte mecanismo de implementação da visão mais protetiva dos recursos hídricos preconizada em todo o mundo. Porém, não basta. É preciso, ademais, que os julgadores, baseados nos princípios gerais do Direito Ambiental – dentre os quais o da prevenção, precaução, do poluidor-pagador e da reparação integral do dano ambiental –, incorporem às suas decisões regras processuais vigentes que preconizem o interesse público em detrimento do privado.

Sílvia Cappelli lembra que, na ação civil pública, há "dificuldade de provar o dano ambiental por ausência de investimento estatal na área e uma defasagem ainda grande do Judiciário na compreensão e aplicação de institutos jurídicos próprios do Direito Ambiental que não sintonizam com uma visão clássica do direito de propriedade", trazendo algumas proposições que são bastante apropriadas na implementação dos princípios ambientais,[274] tais como: a inversão do ônus da prova na ação civil pública que verse sobre meio ambiente, relativamente à prova do dano; a judicialização de provas colhidas no âmbito do inquérito civil quando derivarem de requisição a órgãos públicos dotados de atribuição para exercício do poder de polícia administrativo em matéria ambiental; a não-imposição da obrigatoriedade de o autor da ação civil pública arcar com os ônus decorrentes da sucumbência, forte na clara redação do art. 18 da Lei nº 7.347/85, inaplicável em algumas decisões.

Dessarte, é imprescindível que os legitimados para a defesa dos recursos hídricos – e do meio ambiente, de um modo geral – empreendam todos os esforços que estiverem ao seu alcance para se desincumbirem do seu mister da melhor forma possível – o que certamente necessita ser aprimorado. Porém, é igualmente fundamental que o Poder Judiciário – intérprete último da lei – delibere acerca do tema em

---

[274] CAPPELLI, 2004, p. 303.

harmonia com sua contextualização hodierna, pois somente assim é possível crer na dignidade da pessoa humana e na existência de gerações futuras.

Conclusão

A água é a fonte da vida. Ter acesso à água potável e em quantidade suficiente não é uma questão de escolha, mas uma necessidade. O italiano Riccardo Petrella enfatiza[275] com autoridade que "podemos viver sem a Internet, sem petróleo, até mesmo sem um fundo de investimentos ou uma conta bancária. Mas – um argumento banal, embora freqüentemente esquecido – não nos é possível viver sem água", esclarecendo ainda que o petróleo pode ser substituído pelo carvão.

A propósito, água e petróleo são em muitos aspectos semelhantes. Com efeito, esses recursos naturais são causa de guerras internas e internacionais; são objeto de cobiça em todas as partes do mundo; são vistos hoje, em primeiro plano, sob a ótica mercantilista e privada; são, enfim, geradores da riqueza de poucos e da necessidade de muitos. Não bstante, por uma questão de sobrevivência, é imprescindível que essa visão sobre a água seja alterada, conferindo-se a integralidade dos recursos hídricos da Terra à propriedade estatal – que, no fundo, faz parte do domínio social, já que o Estado é um ente abstrato[276] – e a seu rigoroso controle.

No Brasil, em razão da escassez qualitativa e quantitativa da água, e por competir à nossa República Federativa construir uma sociedade livre, justa e solidária, bem como reduzir as desigualdades sociais e regionais (art. 3º, I e III, da CF), o legislador constituinte extinguiu a

---

[275] PETRELLA, Riccardo. *O Manifesto da Água:* argumentos para um contrato mundial. Tradução Vera Lúcia Mello Joscelyne. Petrópolis, Rio de Janeiro: Vozes, 2002, p. 24. TRADUZIDO.

[276] Manoel Gonçalves Ferreira Filho leciona: "Segundo ensina a doutrina tradicional, o Estado é uma associação humana (*povo*), radicada em base espacial (*território*), que vive sob o comando de uma autoridade (*poder*) não sujeita a qualquer outra (*soberana*). Mais sutil é a lição de Kelsen (v. Teoria pura do direito), ao mostrar que o Estado e seus elementos – *povo, território e poder* – só podem ser caracterizados juridicamente" (FERREIRA FILHO, Manoel Gonçalves. *Curso de Direito Constitucional.* 24.ed. rev. São Paulo: Saraiva, 1997, p. 45).

propriedade privada da água, conferindo sua titularidade exclusiva à União e aos Estados (arts. 20, III, e 26, I, da CF), como bem público de uso comum. A divisão do domínio entre tais entes públicos está correlacionada ao princípio federativo (art. 1º, *caput,* da CF). O quadro delineado pela Carta Magna evidencia que a maioria das águas nacionais é dos Estados – inclusive todas as águas subterrâneas –, remanescendo à União parcela de recursos hídricos estratégicos, como as correntes d'água que sirvam de limite com países vizinhos, cuja gestão depende de negociações internacionais.

Um dos destacados reflexos da dominialidade pública da água é o surgimento da discussão em torno do direito indenizatório do antigo proprietário desse recurso natural. Ante a importância da água, é inegável que a perda da propriedade do líquido pode fazer com que o dono do imóvel onde ela se situe sofra redução patrimonial. Entretanto, enfocando-se o plano estritamente jurídico, forçoso é concluir que inexiste obrigação de indenizar, de parte do poder público, pois a transferência de titularidade do domínio da água deu-se pela Constituição de 1988, fruto do poder constituinte originário, que rompeu por completo a ordem jurídica precedente. Assim, a partir da vigente Lei Maior, é como se a água fosse originariamente da União e dos Estados-Membros. Contudo, mesmo que se adotasse a tese do cabimento de indenização em razão do direito adquirido, é inafastável a ocorrência da prescrição qüinqüenal, já implementada, salvo nas hipóteses excepcionais de suspensão ou interrupção da fluência de seu prazo.

A publicização da água possibilitou ainda a aplicação concreta dos institutos da outorga e da cobrança pelo seu uso. A outorga viabiliza um efetivo controle qualitativo e quantitativo da utilização dos recursos hídricos, a fim de defendê-los e preservá-los para a atual e futuras gerações. Trata-se de ato discricionário como regra, mas exigível do poder concedente quando o pedido de outorga é destinado ao consumo humano ou dessedentação de animais e não há outras formas de satisfação desses usos prioritários. Por outro lado, cobrança e outorga estão atreladas, de forma que esta é antecedente indispensável daquela. Dita inter-relação permite se afirmar que os casos cuja outorga é dispensada não sujeitam o usuário ao pagamento pela água.

Apesar de a Constituição dispor que compete privativamente à União legislar sobre águas (art. 22, IV), uma interpretação sistemática da Lei Maior conduz à ilação de que, quando os recursos hídricos guardarem ligação com a defesa do meio ambiente e/ou da saúde, poderão também os Estados e o Distrito Federal legislar concorrentemente sobre o assunto (art. 24 da CF). Quanto aos Municípios, o seu poder legiferante, autônomo ou suplementar, estará presente quando se vislumbrar interesse local (art. 30 da CF).

Outro relevante debate diz com a obrigatoriedade do consumo humano da água fornecida pelo sistema de abastecimento público. Propomos que, havendo lei estabelecendo tal obrigação, ela será lícita e impositiva. Aliás, o ideal seria que, nos locais dotados de rede pública, a cogência do uso exclusivo da água dela proveniente fosse largamente aplicada, tendo por base fundamentos de saúde pública, ambientais, de sistemática do saneamento básico e de orçamento público. Esse mecanismo contaria com natural resistência no início, sobretudo por razões culturais e históricas, mas contribuiria eficazmente para a defesa da água.

Os conflitos envolvendo a água serão cada vez mais freqüentes. Nesse contexto, possuem indispensáveis papéis na resolução dos litígios o Ministério Público e o Poder Judiciário. Ao *Parquet*, no exercício de suas atribuições constitucionais, incumbe proteger os recursos hídricos, quando estiverem em discussão interesses transindividuais (arts. 127, *caput*, e 129, III, da CF), para tanto podendo-se valer do compromisso de ajustamento de conduta e da ação civil pública. Em relação ao Judiciário, sua tarefa de intérprete último da lei deve estar comprometida com a aplicação das normas de direito material e processual que resguardam os recursos hídricos, valendo-se dos princípios gerais do Direito Ambiental no exercício da atividade jurisdicional.

Em remate, tanto a Carta Maior como a legislação infraconstitucional pátrias são altamente protetivas do meio ambiente e, especificamente, dos recursos hídricos. Constituem instrumentos legislativos dos mais completos e avançados existentes no mundo, a exemplo do nosso Código de Defesa do Consumidor e do Estatuto da Criança e do Adolescente. Falta-nos, contudo, uma aplicação mais efetiva do arcabouço legal existente, a fim de que seja viabilizado o direito de todos ao meio ambiente ecologicamente equilibrado (art. 225, *caput*, da CF). Esse desiderato é uma meta, e toda meta bem focada pode ser atingida.

Referências bibliográficas

A CARTA de Porto Alegre. *Zero Hora*, Porto Alegre, p. 23, 11 out. 2003.

AGÊNCIA NACIONAL DE ÁGUAS. *Introdução ao Gerenciamento de Recursos Hídricos*. Brasília: ANA, ANEEL, [s.d.] (Sistema Nacional de Informações Sobre Recursos Hídricos, CD n. 2).

ÁGUA e fraternidade. *Correio do Povo*, Porto Alegre, p. 4, 26 fev. 2004.

ARAÚJO, Luiz Alberto David. A Função Social da Água. In: ARAÚJO, Luiz Alberto David (Coord.). *A Tutela da Água e algumas implicações nos direitos fundamentais*. Bauru: ITE, 2002, p. 23-36.

ATINGIDA pelo ciclone Catarina. *VEJA*, São Paulo, a. 37, n. 14, p. 91, 7 abr. 2004.

BAHÉ, Marco. É desta vez que o sertão vai virar mar? *Época*, São Paulo, n. 307, p. 48-50, 5 abr. 2004.

BALAZINA, Afra. Brasil e vizinhos lançam plano para proteger aqüífero Guarani. *Folha de São Paulo*, São Paulo, p. C 5, 18 set. 2003.

BARELLI, Ettore; PENNACCHIETTI, Sergio. *Dicionário das Citações*. São Paulo: Martins Fontes, 2001.

BARLOW, Maude; CLARKE, Tony. *Ouro Azul*. São Paulo: M. Books, 2003.

BEVILÁQUA, Clóvis. *Código Civil dos Estados Unidos do Brasil*. Rio de Janeiro: Ed. Rio, 1979.

BIANCHI, Adriana N. Desafios Institucionais no setor de Água: uma breve análise. In: CONGRESSO INTERNACIONAL DE DIREITO AMBIENTAL, 7., 2003, São Paulo. *Direito, Água e Vida*. São Paulo: Imprensa Oficial, 2003. v. 1, p. 231-240.

BOBBIO, Norberto. *O Positivismo Jurídico:* lições de filosofia do direito. São Paulo: Ícone, 1995.

BONAVIDES, Paulo. *Curso de Direito Constitucional*. 12. ed. São Paulo: Malheiros, 2002.

BRUNONI, Nivaldo. A Tutela das Águas pelo Município. In: FREITAS, Vladimir Passos de (Org.). *Águas*: aspectos jurídicos e ambientais. 2. ed. Curitiba: Juruá, 2003, p. 77-102.

CALASANS, Jorge Thierry et al. A Política Nacional de Recursos Hídricos: uma avaliação crítica. In: CONGRESSO INTERNACIONAL DE DIREITO AMBIEN-

TAL, 7., 2003, São Paulo. *Direito, Água e Vida*. São Paulo: Imprensa Oficial, 2003. v. 1, p. 585-602.

CAMPANILI, Maura. Brasil: muita água, péssima distribuição. *O Estado de São Paulo*, São Paulo, 16 mar. 2003.

CANOTILHO, J. J. Gomes. *Direito Constitucional*. 6. ed. Coimbra: Almedina, 1996.

CAPPELLI, Sílvia. Ação Civil Pública Ambiental: a experiência brasileira, análise de jurisprudência. *Revista do Ministério Público*, Porto Alegre, n. 52, p. 279-310, jan./abr. 2004.

——. Atuação Extrajudicial do MP na Tutela do Meio Ambiente. *Revista do Ministério Público*, Porto Alegre, n. 46, p. 230-260, jan./mar. 2002.

——. O estudo de Impacto Ambiental na realidade brasileira. *Revista do Ministério Público do Rio Grande do Sul*, Porto Alegre, n. 27, p. 45-60, 1992.

CARNEIRO, Athos Gusmão. *Jurisdição e Competência*. 8. ed. rev. e ampl. São Paulo: Saraiva, 1997.

O CICLONE que derrubou a meteorologia. *Zero Hora*, Porto Alegre, p. 28, 4 abr. 2004.

CONFERÊNCIA NACIONAL DOS BISPOS DO BRASIL. *Fraternidade e Água*: manual CF-2004. São Paulo: Salesiana, 2003.

COSTA NETO, Nicolao Dino de Castro; BELLO FILHO, Ney de Barros; COSTA, Flávio Dino de Castro e. *Crimes e Infrações Administrativas Ambientais:* comentários à Lei nº 9.605/98. Brasília: Brasília Jurídica, 2000.

COTTA, Camila. *Água:* bem da humanidade. Disponível em: http://www.radiobras.gov.br/ct/materia.phtml. Acesso em: 5 abr. 2004.

DI PIETRO, Maria Sylvia Zanella. *Direito Administrativo*. 13. ed. São Paulo: Atlas, 2001.

DINIZ, Maria Helena. *Conflito de Normas*. 3. ed. rev. São Paulo: Saraiva, 1998.

OS DIREITOS da Água. Disponível em: http:www.ecolnewa.com.br/direitos_da_agua.htm Acesso em: 5 abr. 2004.

DUARTE, Letícia. Privatização de esgoto é rejeitada. *Zero Hora*, Porto Alegre, p. 39, 10 out. 2003.

FEDELI, Cláudia Cecília. Responsabilidade Penal por contaminação de Águas subterrâneas. In: CONGRESSO INTERNACIONAL DE DIREITO AMBIENTAL, 7., 2003, São Paulo. *Direito, Água e Vida*. São Paulo: Imprensa Oficial, 2003, v. 1, p. 425-438.

FERREIRA FILHO, Manoel Gonçalves. *Curso de Direito Constitucional*. 24. ed. rev. São Paulo: Saraiva, 1997.

FIGUEIREDO, Guilherme José Purvin de. Consumo Sustentável. In: CONGRESSO INTERNACIONAL DE DIREITO AMBIENTAL, 6., 2002, São Paulo. *10 anos da ECO-92*: o direito e o desenvolvimento sustentável. São Paulo: IMESP, 2002, p. 187-224.

FINK, Daniel Roberto. Reúso de Água. In: CONGRESSO INTERNACIONAL DE DIREITO AMBIENTAL, 7., 2003, São Paulo. *Direito, Água e Vida*. São Paulo: Imprensa Oficial, 2003. v. 1, p. 439-461.

FIORILLO, Celso Antonio Pacheco. Águas no novo Código Civil: Lei 10.406/02. In: CONGRESSO INTERNACIONAL DE DIREITO AMBIENTAL, 7., 2003, São Paulo. *Direito, Água e Vida*. São Paulo: Imprensa Oficial, 2003. v. 1, p. 401-408.

FLOR, Ana. Mercado exige tratamento de resíduos industriais. *Zero Hora*, Porto Alegre, p. 36, 26 mar. 2002.

——. Um mar submerso. *Zero Hora*, Porto Alegre, p. 39, 24 mar. 2002.

FREITAS, Fabiana Paschoal de. Águas Subterrâneas Transfronteiriças: o aqüífero Guarani e o projeto do GEF/Banco Mundial. In: CONGRESSO INTERNACIONAL DE DIREITO AMBIENTAL, 7., 2003, São Paulo. *Direito, Água e Vida*. São Paulo: Imprensa Oficial, 2003. v. 2, p. 159-171.

FREITAS, Vladimir Passos de (Org.). *Águas*: aspectos jurídicos e ambientais. 2.ed. Curitiba: Juruá, 2003.

——. Matas Ciliares. In: FREITAS, Vladimir Passos de (Org.) *Direito Ambiental em Evolução, 2*. Curitiba: Juruá, 2000, p. 317-330.

——. Poluição de Águas. In: FREITAS, Vladimir Passos de (Org.). *Direito Ambiental em Evolução*. Curitiba: Juruá, 1998, p. 361-379.

——. Sistema jurídico brasileiro de controle da poluição das águas subterrâneas. *Revista de Direito Ambiental*, São Paulo, a. 6, n. 23, p. 53-66, jul./set. 2001.

GERCHMANN, Léo. Mercosul assina acordo para proteger aqüífero. *Folha de São Paulo*, São Paulo, p. A 15, 23 maio 2003.

GRAF, Ana Cláudia Bento. A Tutela dos Estados sobre as Águas. In: FREITAS, Vladimir Passos de (Org.). *Águas*: aspectos jurídicos e ambientais. 2. ed. Curitiba: Juruá, 2003, p. 51-75.

GRANZIERA, Maria Luiza Machado. *Direito de Águas*: disciplina jurídica das águas doces. São Paulo: Atlas, 2001.

HANSEN, James. Desarmando a Bomba-Relógio do aquecimento global. *Scientific American*, São Paulo, a. 2, n. 23, p. 30-39, abr. 2004.

HIRATA, Ricardo. Gestão dos Recursos Hídricos Subterrâneos. In: CONGRESSO INTERNACIONAL DE DIREITO AMBIENTAL, 7., 2003, São Paulo. *Direito, Água e Vida*. São Paulo: Imprensa Oficial, 2003. v. 1, p. 785-796.

HORTA, Raul Machado. Constituição e Direito Adquirido. *Revista de Informação Legislativa*, Brasília, a. 28, n. 112, p. 69-86, out./dez. 1991.

INSTITUTO BRASILEIRO DE GEOGRAFIA E ESTATÍSTICA. *Censo Demográfico 2000*: características da população e dos domicílios. Rio de Janeiro, 2000.

IRIGARAY, Carlos Teodoro Hugueney. Água: um direito fundamental ou uma mercadoria? In: CONGRESSO INTERNACIONAL DE DIREITO AMBIENTAL, 7., 2003, São Paulo. *Direito, Água e Vida*. São Paulo: Imprensa Oficial, 2003. v. 1, p. 385-400.

JOHN, Liana. A exploração desordenada degrada fontes. *O Estado de São Paulo*, São Paulo, p. A16, 16 mar. 2003.

——. Mata Atlântica: entidades planejam conservação de recursos hídricos. *O Estado de São Paulo*, São Paulo, p. A10, 19 mar. 2003.

LEAL, Renata; ESCANDIUZZI, Fabrício. Ciclone ou furacão? *Época*, São Paulo, n. 307, p. 66, 5 abr. 2004.

LEITE, Marcelo. O Planeta sob pressão. *Folha de São Paulo,* São Paulo, p. 10, 2 jul. 1999. Edição Especial: Ano 2000 água, comida e energia.

——. 6 bilhões de pessoas: será demais? *Folha de São Paulo,* São Paulo, 2 jul. 1999. Edição Especial: Ano 2002 água, comida e energia.

LENZA, Pedro. *Direito Constitucional Esquematizado.* 5. ed. rev. e ampl. São Paulo: LTr, 2003.

LOBO, Alice; GRECO, Alessandro. Metrópoles de Água cristalina. *VEJA,* São Paulo, a. 35, n. 22, p. 26-33, dez. 2002. Edição Especial: Ecologia.

LOPES, Miguel Maria de Serpa. *Curso de Direito Civil.* Rio de Janeiro: Freitas Bastos, 2001. v. 6: Direito das coisas: Princípios gerais, posse, domínio e propriedade imóvel.

LUNARDI, Soraya Regina Gasparetto; VALENTIM, Michelle. Direito à Água: classificação metaindividual. In: ARAÚJO, Luiz Alberto David (Coord.). *A Tutela da Água e algumas implicações nos direitos fundamentais.* Bauru: ITE, 2002, p. 111-143.

——. Formas de impedir a degradação da Água. In: ARAÚJO, Luiz Alberto David (Coord.). *A Tutela da Água e algumas implicações nos direitos fundamentais.* Bauru: ITE, 2002, p. 161-180.

MACHADO, Hugo de Brito. *Curso de Direito Tributário.* 19. ed. rev., atual e ampl. São Paulo: Malheiros, 2001.

MACHADO, Paulo Afonso Leme. *Recursos Hídricos*: direito brasileiro e internacional. São Paulo: Malheiros, 2002.

MADOV, Natasha. Esperança contra o Fogo e a Motoserra. *VEJA,* São Paulo, a. 35, n. 22, p. 22-25, dez. 2002. Edição Especial: Ecologia.

MAXIMILIANO, Carlos. *Hermenêutica e Aplicação do Direito.* 18. ed. Rio de Janeiro, 2000.

MEIRELLES, Hely Lopes. *Direito Administrativo Brasileiro.* 19. ed. atual. São Paulo: Malheiros, 1994.

MELLO, Celso Antônio Bandeira de. *Curso de Direito Administrativo.* 10. ed. rev., atual. e ampl. São Paulo: Malheiros, 1998.

MENEZES, Noeli. País despeja 80% do esgoto em rios, lagos e mananciais. *Folha de São Paulo,* São Paulo, p. 6, 22 mar. 2000.

MIRANDA, Pontes de. *Tratado de Direito Privado.* 2. ed. Rio de Janeiro: Borsoi, 1958. v. 11, Direito das coisas: Propriedade. Aquisição da propriedade imobiliária.

MORAES, Alexandre de. *Direito Constitucional.* 12. ed. São Paulo: Atlas, 2002.

MORAES, Margarete de. Abastecimento de Água está próximo do colapso. *Folha de São Paulo,* São Paulo, p. 8-9, 2 ago. 2001.

MUSETTI, Rodrigo Andreotti. *Da Proteção Jurídico Ambiental dos Recursos Hídricos.* São Paulo: LED, 2001.

——. O Direito à Paisagem Hídrica no Brasil. In: CONGRESSO INTERNACIONAL DE DIREITO AMBIENTAL, 7., 2003, São Paulo. *Direito, Água e Vida.* São Paulo: Imprensa Oficial, 2003. v. 2, p. 463-473.

NOVAES, Washington. Que se fará com a água? *O Estado de São Paulo,* São Paulo, p. A 2, 14 mar. 2003.

NUNES, Lydia Neves Bastos Telles. O Direito de Propriedade e as Águas. In: ARAÚJO, Luiz Alberto David (Coord.). *A Tutela da Água e algumas implicações nos direitos fundamentais.* Bauru: ITE, 2002. p. 191-199.

OLIVEIRA, Daniela. Responsabilidade pós-consumo. *Revista do Ministério Público,* Porto Alegre, n. 51, p. 287-339, ago./dez. 2003.

PEREIRA, Caio Mário da Silva. *Instituições de Direito Civil.* 14. ed. Rio de Janeiro: Forense, 1993. v. 1.

PÉREZ ROYO, Javier. *Curso de Derecho Constitucional.* 4. ed. Madrid: Marcial Pons, 1997.

PETRELLA, Riccardo. *O manifesto da água:* argumentos para um contrato mundial. Tradução Vera Lúcia Mello Joscelyne. Petrópolis, RJ: Vozes, 2002.

PLANETA Água. Disponível em: http://www.tvcultura.com.br/aloescola/ciencias/aguanaboca Acesso em: 5 abr. 2004.

POMPEU, Cid Tomanik. Controle da Poluição Hídrica no Brasil. *Revista de Direito Administrativo,* Rio de Janeiro, n. 130, p. 425-439, out./dez. 1977.

——. Recursos Hídricos na Constituição de 1988. *Revista de Direito Administrativo,* Rio de Janeiro, n. 186, p. 10-25, out./dez. 1991.

PROTOCOLO de Kioto. *Veja,* São Paulo, a. 37, n. 3, 21 jan. 2004.

REALE, Miguel. Visão Geral do Novo Código Civil. In: Novo Código Civil Brasileiro. 2. ed. São Paulo: Revista dos Tribunais, 2002.

REBOUÇAS, Aldo da C. Panorama da Água Doce no Brasil. In: PANORAMAS da degradação do ar, da água doce e da terra no Brasil. São Paulo: IEA/USP, 1997, p. 59-105.

——. Proteção dos Recursos Hídricos. *Revista de Direito Ambiental.* São Paulo, a. 8, n. 32, p. 33-67, out./dez. 2003.

RIO GRANDE DO SUL. Assembléia Legislativa. Comissão de Cidadania e Direitos Humanos. *Relatório Azul:* garantias e violações dos direitos humanos no RS, 1998/1999. Porto Alegre: Assembléia Legislativa,1999.

——. *Relatório Azul:* garantias e violações dos direitos humanos no RS, 2001/2002. Porto Alegre: Assembléia Legislativa, 2002.

ROBBINS, Anthony. *Poder sem limites.* Tradução Muriel Alves Brazil. São Paulo: Best Seller, 1987.

ROCHEFORT, Théo. Escassez de água ameaça o planeta. *Zero Hora,* Porto Alegre, p. 51, 23 out. 1998.

RODRIGUES, Ney Lobato. Das águas: aspectos jurídicos e ambientais. In: ARAÚJO, Luiz Alberto David (Coord.). *A Tutela da Água e algumas implicações nos direitos fundamentais.* Bauru: ITE, 2002, p. 75-84.

RODRIGUES, Ney Lobato; CARVALHO, William Ricardo do Amaral. O inciso IV do art. 22 da Constituição Federal e a competência municipal sobre águas. In: ARAÚJO, Luiz Alberto David (Coord.). *A Tutela da Água e algumas implicações nos direitos fundamentais.* Bauru: ITE, 2002. p. 201-221.

——. Tutela das Águas. In: ARAÚJO, Luiz Alberto David (Coord.). *A Tutela da Água e algumas implicações nos direitos fundamentais.* Bauru: ITE, 2002. p. 261-272.

SANTILLI, Juliana. Política Nacional de Recursos Hídricos: princípios fundamentais. In: CONGRESSO INTERNACIONAL DE DIREITO AMBIENTAL, 7., 2003, São Paulo. *Direito, Água e Vida.* São Paulo: Imprensa Oficial, 2003. v. 1. p. 647-662.

SANTOS, J. M. Carvalho. *Código Civil Brasileiro Interpretado.* 7. ed. São Paulo: Freitas Bastos, 1961. v. 7.

——. ——. 9. ed. São Paulo: Freitas Bastos, 1963. v. 3.

SCHEIBE, Virgínia Amaral da Cunha. O Regime Constitucional das Águas. *Revista de Direito Ambiental,* São Paulo, a. 7, n. 25, p. 207-218, jan./mar. 2002.

SILVA, Fernando Quadros da. A Gestão dos Recursos Hídricos após a Lei 9.433, de 08 de Janeiro de 1997. In: FREITAS, Vladimir Passos de (Org.). *Direito Ambiental em Evolução.* Curitiba: Juruá, 1998, p. 75-89.

SILVA, José Afonso da. *Curso de Direito Constitucional Positivo.* 22. ed. rev. e atual. São Paulo: Malheiros, 2003.

——. Proteção da Qualidade da Água. *Direito Ambiental Constitucional.* 3.ed. São Paulo: Malheiros, 2000.

SILVA, Luís Praxedes Vieira da. Princípio da Precaução e Recursos Hídricos. In: CONGRESSO INTERNACIONAL DE DIREITO AMBIENTAL, 7., 2003, São Paulo. *Direito, Água e Vida.* São Paulo: Imprensa Oficial, 2003. v. 1, p. 709-717.

SILVA, Solange Teles da. Aspectos Jurídicos da Proteção das Águas Subterrâneas. *Revista de Direito Ambiental,* São Paulo, a. 8 , n. 32, p. 159-182, dez. 2003.

TAVARES, André Ramos. *Curso de Direito Constitucional.* São Paulo: Saraiva, 2002.

TEICH, Daniel Hessel. A Terra pede Socorro. *VEJA,* São Paulo, a. 35, n. 33, p. 80-87, 21 ago. 2002.

TEMER, Michel. *Elementos de Direito Constitucional.* 14. ed. rev. e ampl. São Paulo: Malheiros, 1998.

VIANA, Marco Aurélio da Silva. *Comentários ao Novo Código Civil.* Rio de Janeiro: Forense, 2003. v. 16: Dos Direitos Reais.

WARTCHOW, Dieter. Prefácio. In BARLOW, Maude; CLARKE, Tony. *Ouro Azul.* São Paulo: M. Books, 2003.

Anexo

LEI Nº 9.433, DE 8 DE JANEIRO DE 1997

Institui a Política Nacional de Recursos Hídricos, cria o Sistema Nacional de Gerenciamento de Recursos Hídricos, regulamenta o inciso XIX do art. 21 da Constituição Federal, e altera o art. 1º da Lei nº 8.001, de 13 de março de 1990, que modificou a Lei nº 7.990, de 28 de dezembro de 1989.

O PRESIDENTE DA REPÚBLICA,
Faço saber que o Congresso Nacional decreta e eu sanciono a seguinte Lei:

TÍTULO I
DA POLÍTICA NACIONAL DE RECURSOS HÍDRICOS

CAPÍTULO I
DOS FUNDAMENTOS

Art. 1º A Política Nacional de Recursos Hídricos baseia-se nos seguintes fundamentos:
I - a água é um bem de domínio público;
II - a água é um recurso natural limitado, dotado de valor econômico;
III - em situações de escassez, o uso prioritário dos recursos hídricos é o consumo humano e a dessedentação de animais;
IX - a gestão dos recursos hídricos deve sempre proporcionar o uso múltiplo das águas;
IV - a bacia hidrográfica e a unidade territorial para implementação da Política Nacional de Recursos Hídricos e atuação do Sistema Nacional de Gerenciamento de Recursos Hídricos;
VI - a gestão dos recursos hídricos deve ser descentralizada e contar com a participação do Poder Público, dos usuários e das comunidades.

CAPÍTULO II
DOS OBJETIVOS

Art. 2º São objetivos da Política Nacional de Recursos Hídricos:
I - assegurar à atual e às futuras gerações a necessária disponibilidade de água, em padrões de qualidade adequados aos respectivos usos;
II - a utilização racional e integrada dos recursos hídricos, incluindo o transporte aquaviário, com vistas ao desenvolvimento sustentável;
III - a prevenção e a defesa contra eventos hidrológicos críticos de origem natural ou decorrentes do uso inadequado dos recursos naturais.

CAPÍTULO III
DAS DIRETRIZES GERAIS DE AÇÃO

Art. 3º Constituem diretrizes gerais de ação para implementação da Política Nacional de Recurso Hídricos:

I - a gestão sistemática dos recursos hídricos, sem dissociação dos aspectos de quantidade e qualidade;

II - a adequação da gestão de recursos hídricos às diversidades físicas, bióticas, demográficas, econômicas, sociais e culturais das diversas regiões do País;

III - a integração da gestão de recursos hídricos com a gestão ambiental;

IV - a articulação do planejamento de recursos hídricos com o dos setores usuários e com os planejamentos regional, estadual e nacional;

V - a articulação da gestão de recursos hídricos com a do uso do solo;

VI - a integração da gestão das bacias hidrográficas com a dos sistemas estuarinos e zonas costeiras.

Art. 4º A União articular-se-á com os Estados tendo em vista o gerenciamento dos recursos hídricos de interesse comum.

CAPÍTULO IV
DOS INSTRUMENTOS

Art. 5º São instrumentos da Política Nacional de Recursos Hídricos:

I - os Planos de Recursos Hídricos;

II - o enquadramento dos corpos de água em classes, segundo os usos preponderantes da água,

III - a outorga dos direitos de uso de recursos hídricos;

IV - a cobrança pelo uso de recursos hídricos;

V - a compensação a municípios;

VI - o Sistema de Informações sobre Recursos Hídricos.

SEÇÃO I
DOS PLANOS DE RECURSOS HÍDRICOS

Art. 6º Os Planos de Recursos Hídricos são planos diretores que visam a fundamentar e orientar a implementação da Política Nacional de Recursos Hídricos e o gerenciamento dos recursos hídricos.

Art. 7º Os Planos de Recursos Hídricos são planos de longo prazo, com horizonte de planejamento compatível com o período de implantação de seus programas e projetos e terão o seguinte conteúdo mínimo:

I - diagnóstico da situação atual dos recursos hídricos;

II - análise de alternativas de crescimento demográfico, de evolução de atividades produtivas e de modificações dos padrões de ocupação do solo;

III - balanço entre disponibilidades e demandas futuras dos recursos hídricos, em quantidade e qualidade, com identificação de conflitos potenciais;

IV - metas de racionalização de uso, aumento da quantidade e melhoria da qualidade dos recursos hídricos disponíveis;

V - medidas a serem tomadas, programas a serem desenvolvidos e projetos a serem implantados, para o atendimento das metas previstas;

VI - (VETADO)

VII - (VETADO)

VIII - prioridades para outorga de direitos de uso de recursos hídricos;

IX - diretrizes e critérios para a cobrança pelo uso dos recursos hídricos;

X - propostas para a criação de áreas sujeitas a restrição de uso, com vistas à proteção dos recursos hídricos.

Art. 8º Os Planos de Recursos Hídricos serão elaborados por bacia hidrográfica, por Estado e para o País.

SEÇÃO II
DO ENQUADRAMENTO DOS CORPOS DE ÁGUA EM CLASSES,
SEGUNDO OS USOS PREPONDERANTES DA ÁGUA

Art. 9º O enquadramento dos corpos de água em classes, segundo os usos preponderantes da água, visa a:

I - assegurar às águas qualidade compatível com os usos mais exigentes a que forem destinadas;

II - diminuir os custos de combate à poluição das águas, mediante ações preventivas permanentes.

Art. 10. As classes de corpos de água serão estabelecidas pela legislação ambiental.

SEÇÃO III
DA OUTORGA DE DIREITOS DE USO DE RECURSOS HÍDRICOS

Art. 11. O regime de outorga de direitos de uso de recursos hídricos tem como objetivos assegurar o controle quantitativo e qualitativo dos usos da água e o efetivo exercício dos direitos de acesso à água.

Art. 12. Estão sujeitos a outorga pelo Poder Público os direitos dos seguintes usos de recursos hídricos:

I - derivação ou captação de parcela da água existente em um corpo de água para consumo final, inclusive abastecimento público, ou insumo de processo produtivo;

II - extração de água de aqüífero subterrâneo para consumo final ou insumo de processo produtivo;

III - lançamento em corpo de água de esgotos e demais resíduos líquidos ou gasosos, tratados ou não, com o fim de sua diluição, transporte ou disposição final;

IV - aproveitamento dos potenciais hidrelétricos;

V - outros usos que alterem o regime, a quantidade ou a qualidade da água existente em um corpo de água.

§ 1º Independem de outorga pelo Poder Público, conforme definido em regulamento:

I - o uso de recursos hídricos para a satisfação das necessidades de pequenos núcleos populacionais, distribuídos no meio rural;

II - as derivações, captações e lançamentos considerados insignificantes;

III - as acumulações de volumes de água consideradas insignificantes.

§ 2º A outorga e a utilização de recursos hídricos para fins de geração de energia elétrica estará subordinada ao Plano Nacional de Recursos Hídricos, aprovado na forma do disposto no inciso VIII do art. 35 desta Lei, obedecida a disciplina da legislação setorial específica.

Art. 13. Toda outorga estará condicionada às prioridades de uso estabelecidas nos Planos de Recursos Hídricos e deverá respeitar a classe em que o corpo de água estiver enquadrado e a manutenção de condições adequadas ao transporte aquaviário, quando for o caso.

Parágrafo único. A outorga de uso dos recursos hídricos deverá preservar o uso múltiplo destes.

Art. 14. A outorga efetivar-se-á por ato da autoridade competente do Poder Executivo Federal, dos Estados ou do Distrito Federal.

§ 1º O Poder Executivo Federal poderá delegar aos Estados e ao Distrito Federal competência para conceder outorga de direito de uso de recurso hídrico de domínio da União.

§ 2º (VETADO)

Art. 15. A outorga de direito de uso de recursos hídricos poderá ser suspensa parcial ou totalmente, em definitivo ou por prazo determinado, nas seguintes circunstâncias:

I - não cumprimento pelo outorgado dos termos da outorga;

II - ausência de uso por três anos consecutivos;

III - necessidade premente de água para atender a situações de calamidade, inclusive as decorrentes de condições climáticas adversas;

IV - necessidade de se prevenir ou reverter grave degradação ambiental;

V - necessidade de se atender a usos prioritários, de interesse coletivo, para os quais não se disponha de fontes alternativas;

VI - necessidade de serem mantidas as características de navegabilidade do corpo de água.

Art. 16. Toda outorga de direitos de uso de recursos hídricos far-se-á por prazo não excedente a trinta e cinco anos, renovável.

Art. 17. (VETADO)

Art. 18. A outorga não implica a alienação parcial das águas, que são inalienáveis, mas o simples direito de seu uso.

SEÇÃO IV
DA COBRANÇA DO USO DE RECURSOS HÍDRICOS

Art. 19. A cobrança pelo uso de recursos hídricos objetiva:

I - reconhecer a água como bem econômico e dar ao usuário uma indicação de seu real valor;

II - incentivar a racionalização do uso da água;

III - obter recursos financeiros para o financiamento dos programas e intervenções contemplados nos planos de recursos hídricos.

Art. 20. Serão cobrados os usos de recursos hídricos sujeitos a outorga, nos termos do art. 12 desta Lei.

Parágrafo único. (VETADO)

Art. 21. Na fixação dos valores a serem cobrados pelo uso dos recursos hídricos devem ser observados, dentre outros:

I - nas derivações, captações e extrações de água, o volume retirado e seu regime de variação;

II - nos lançamentos de esgotos e demais resíduos líquidos ou gasosos, o volume lançado e seu regime de variação e as características físico-químicas, biológicas e de toxidade do afluente.

Art. 22. Os valores arrecadados com a cobrança pelo uso de recursos hídricos serão aplicados prioritariamente na bacia hidrográfica em que foram gerados e serão utilizados:

I - no financiamento de estudos, programas, projetos e obras incluídos nos Planos de Recursos Hídricos;

II - no pagamento de despesas de implantação e custeio administrativo dos órgãos e entidades integrantes do Sistema Nacional de Gerenciamento de Recursos Hídricos.

§ 1º A aplicação nas despesas previstas no inciso II deste artigo é limitada a sete e meio por cento do total arrecadado.

§ 2º Os valores previstos no *caput* deste artigo poderão ser aplicados a fundo perdido em projetos e obras que alterem, de modo considerado benéfico à coletividade, a qualidade, a quantidade e o regime de vazão de um corpo de água.

§ 3º (VETADO)

Art. 23. (VETADO)

SEÇÃO V
DA COMPENSAÇÃO A MUNICÍPIOS

Art. 24. (VETADO)

SEÇÃO VI
DO SISTEMA DE INFORMAÇÕES SOBRE RECURSOS HÍDRICOS

Art. 25. O Sistema de Informações sobre Recursos Hídricos é um sistema de coleta, tratamento, armazenamento e recuperação de informações sobre recursos hídricos e fatores intervenientes em sua gestão.

Parágrafo único. Os dados gerados pelos órgãos integrantes do Sistema Nacional de Gerenciamento de Recursos Hídricos serão incorporados ao Sistema Nacional de Informações sobre Recursos Hídricos.

Art. 26. São princípios básicos para o funcionamento do Sistema de Informações sobre Recursos Hídricos:

I - descentralização da obtenção e produção de dados e informações;
II - coordenação unificada do sistema;
III - acesso aos dados e informações garantido à toda a sociedade.

Art. 27. São objetivos do Sistema Nacional de Informações sobre Recursos Hídricos:

I - reunir, dar consistência e divulgar os dados e informações sobre a situação qualitativa e quantitativa dos recursos hídricos no Brasil;
II - atualizar permanentemente as informações sobre disponibilidade e demanda de recursos hídricos em todo o território nacional;
III - fornecer subsídios para a elaboração dos Planos de Recursos Hídricos.

CAPÍTULO V
DO RATEIO DE CUSTOS DAS OBRAS DE USO MÚLTIPLO,
DE INTERESSE COMUM OU COLETIVO

Art. 28. (VETADO)

CAPÍTULO VI
DA AÇÃO DO PODER PÚBLICO

Art. 29. Na implementação da Política Nacional de Recursos Hídricos, compete ao Poder Executivo Federal:

I - tomar as providências necessárias à implementação e ao funcionamento do Sistema de Nacional de Gerenciamento de Recursos Hídricos.

II - outorgar os direitos de uso de recursos hídricos, e regulamentar e fiscalizar os usos, na sua esfera de competência;

III - implantar e gerir o Sistema de Informações sobre Recursos Hídricos, em âmbito nacional;

IV - promover a integração da gestão de recursos hídricos com a gestão ambiental.

Parágrafo único. O Poder Executivo Federal indicará, por decreto, a autoridade responsável pela efetivação de outorgas de direito de uso dos recursos hídricos sob domínio da União.

Art. 30. Na implementação da Política Nacional de Recursos Hídricos, cabe aos Poderes Executivos Estaduais e do Distrito Federal, na sua esfera de competência:

I - outorgar os direitos de uso de recursos hídricos e regulamentar e fiscalizar os seus usos;

II - realizar o controle técnico das obras de oferta hídrica;

III - implantar e gerir o Sistema de Informações sobre Recursos Hídricos, em âmbito estadual e do Distrito Federal;

IV - promover a integração da gestão de recursos hídricos com a gestão ambiental.

Art. 31. Na implementação da Política Nacional de Recursos Hídricos, os Poderes Executivos do Distrito Federal e dos municípios promoverão a integração das políticas locais de saneamento básico, de uso, ocupação e conservação do solo e de meio ambiente com as políticas federal e estaduais de recursos hídricos.

TÍTULO II
DO SISTEMA NACIONAL DE GERENCIAMENTO
DE RECURSOS HÍDRICOS

CAPÍTULO I
DOS OBJETIVOS E DA COMPOSIÇÃO

Art. 32. Fica criado o Sistema Nacional de Gerenciamento de Recursos Hídricos, com os seguintes objetivos:

I - coordenar a gestão integrada das águas;

II - arbitrar administrativamente os conflitos relacionados com os recursos hídricos;

III - implementar a Política Nacional de Recursos Hídricos;

IV - planejar, regular e controlar o uso, a preservação e a recuperação dos recursos hídricos;

V - promover a cobrança pelo uso de recursos hídricos.

Art. 33. Integram o Sistema Nacional de Gerenciamento de Recursos Hídricos:

I - o Conselho Nacional de Recursos Hídricos;

II - os Conselhos de Recursos Hídricos dos Estados e do Distrito Federal;

III - os Comitês de Bacia Hidrográfica;

IV - os órgãos dos poderes públicos federal, estaduais e municipais cujas competências se relacionem com a gestão de recursos hídricos;

V - as Agências de Água.

CAPÍTULO II
DO CONSELHO NACIONAL DE RECURSOS HÍDRICOS

Art. 34. O Conselho Nacional de Recursos Hídricos é composto por:

I - representantes dos Ministérios e Secretarias da Presidência da República com atuação no gerenciamento ou no uso de recursos hídricos;

II - representantes indicados pelos Conselhos Estaduais de Recursos Hídricos;
III - representantes dos usuários dos recursos hídricos;
IV - representantes das organizações civis de recursos hídricos.
Parágrafo único. O número de representantes do Poder Executivo Federal não poderá ceder à metade mais um do total dos membros do Conselho Nacional de Recursos Hídricos.
Art. 35. Compete ao Conselho Nacional de Recursos Hídricos:
I - promover a articulação do planejamento de recursos hídricos com os planejamentos nacional, regional, estaduais e dos setores usuários;
II - arbitrar, em última instância administrativa, os conflitos existentes entre Conselhos Estaduais de Recursos Hídricos;
III - deliberar sobre os projetos de aproveitamento de recursos hídricos cujas repercussões extrapolem o âmbito dos Estados em que serão implantados;
IV - deliberar sobre as questões que lhe tenham sido encaminhadas pelos Conselhos Estaduais de Recursos Hídricos ou pelos Comitês de Bacia Hidrográfica;
V - analisar propostas de alteração da legislação pertinente a recursos hídricos e à Política Nacional de Recursos Hídricos;
VI - estabelecer diretrizes complementares para implementação da Política Nacional de Recursos Hídricos, aplicação de seus instrumentos e atuação do Sistema Nacional de Gerenciamento de Recursos Hídricos;
VII - aprovar propostas de instituição dos Comitês de Bacia Hidrográfica e estabelecer critérios gerais para a elaboração de seus regimentos;
VIII - (VETADO)
IX - acompanhar a execução do Plano Nacional de Recursos Hídricos e determinar as providências necessárias ao cumprimento de suas metas;
X - estabelecer critérios gerais para a outorga de direitos de uso de recursos hídricos e para a cobrança por seu uso.
Art. 36. O Conselho Nacional de Recursos Hídricos será gerido por:
I - um Presidente, que será o Ministro titular do Ministério do Meio Ambiente, dos Recursos Hídricos e da Amazônia Legal;
II - um Secretário Executivo, que será o titular do órgão integrante da estrutura do Ministério do Meio Ambiente, dos Recursos Hídricos e da Amazônia Legal, responsável pela gestão dos recursos hídricos.

CAPÍTULO III
DOS COMITÊS DE BACIA HIDROGRÁFICA

Art. 37. Os Comitês de Bacia Hidrográfica terão como área de atuação:
I - a totalidade de uma bacia hidrográfica;
II - sub-bacia hidrográfica de tributário do curso de água principal da bacia, ou de tributário desse tributário; ou
III - grupo de bacias ou sub-bacias hidrográficas contíguas.
Parágrafo único. A instituição de Comitês de Bacia Hidrográfica em rios de domínio da União será efetivada por ato do Presidente da República.
Art. 38. Compete aos Comitês de Bacia Hidrográfica, no âmbito de sua área de atuação:
I - promover o debate das questões relacionadas a recursos hídricos e articular a atuação das entidades intervenientes;

II - arbitrar, em primeira instância administrativa, os conflitos relacionados aos recursos hídricos;

III - aprovar o Plano de Recursos Hídricos da bacia;

IV - acompanhar a execução do Plano de Recursos Hídricos da bacia e sugerir as providências necessárias ao cumprimento de suas metas;

V - propor ao Conselho Nacional e aos Conselhos Estaduais de Recursos Hídricos as acumulações, derivações, captações e lançamentos de pouca expressão, para efeito de isenção da obrigatoriedade de outorga de direitos de uso de recursos hídricos, de acordo com os domínios destes;

VI - estabelecer os mecanismos de cobrança pelo uso de recursos hídricos e sugerir os valores a serem cobrados;

VII - (VETADO)

VIII - (VETADO)

IX - estabelecer critérios e promover o rateio de custo das obras de uso múltiplo, de interesse comum ou coletivo.

Parágrafo único. Das decisões dos Comitês de Bacia Hidrográfica caberá recurso ao Conselho Nacional ou aos Conselhos Estaduais de Recursos Hídricos, de acordo com sua esfera de competência.

Art. 39. Os Comitês de Bacia Hidrográfica são compostos por representantes:

I - da União;

II - dos Estados e do Distrito Federal cujos territórios se situem, ainda que parcialmente, em suas respectivas áreas de atuação;

III - dos Municípios situados, no todo ou em parte, em sua área de atuação;

IV - dos usuários das águas de sua área de atuação;

V - das entidades civis de recursos hídricos com atuação comprovada na bacia.

§ 1º O número de representantes de cada setor mencionado neste artigo, bem como os critérios para sua indicação, serão estabelecidos nos regimentos dos comitês, limitada a representação dos poderes executivos da União, Estados, Distrito Federal e Municípios à metade do total de membros.

§ 2º Nos Comitês de Bacia Hidrográfica de bacias de rios fronteiriços e transfronteiriços de gestão compartilhada, a representação da União deverá incluir um representante do Ministério das Relações Exteriores.

§ 3º Nos Comitês de Bacia Hidrográfica de bacias cujos territórios abranjam terras indígenas devem ser incluídos representantes:

I - da Fundação Nacional do Índio - FUNAI, como parte da representação da União;

II - das comunidades indígenas ali residentes ou com interesses na bacia.

§ 4º A participação da União nos Comitês de Bacia Hidrográfica com área de atuação restrita a bacias de rios sob domínio estadual, dar-se-á na forma estabelecida nos respectivos regimentos.

Art. 40. Os Comitês de Bacia Hidrográfica serão dirigidos por um Presidente e um Secretário, eleitos dentre seus membros.

CAPÍTULO IV
DAS AGÊNCIAS DE ÁGUA

Art. 41. As Agências de Água exercerão a função de secretaria executiva do respectivo ou respectivos Comitês de Bacia Hidrográfica.

Art. 42. As Agências de Água terão a mesma área de atuação de um ou mais Comitês de Bacia Hidrográfica.
Parágrafo único. A criação das Agências de Água será autorizada pelo Conselho Nacional de Recursos Hídricos ou pelos Conselhos Estaduais de Recursos Hídricos mediante solicitação de um ou mais Comitês de Bacia Hidrográfica.
Art. 43. A criação de uma Agência de Água é condicionada ao atendimento dos seguintes requisitos:
I - prévia existência do respectivo ou respectivos Comitês de Bacia Hidrográfica;
II - viabilidade financeira assegurada pela cobrança do uso dos recursos hídricos em sua área de atuação.
Art. 44. Compete às Agências de Água no âmbito de sua área de atuação:
I - manter balanço atualizado da disponibilidade de recursos hídricos em sua área de atuação;
II - manter o cadastro de usuários de recursos hídricos;
III - efetuar, mediante delegação do outorgante, a cobrança pelo uso de recursos hídricos;
IV - analisar e emitir pareceres sobre os projetos e obras a serem financiados com recursos gerados pela cobrança pelo uso de Recursos Hídricos e encaminhá-los à instituição financeira responsável pela administração desses recursos;
V - acompanhar a administração financeira dos recursos arrecadados com a cobrança pelo uso de recursos hídricos em sua área de atuação;
VI - gerir o Sistema de Informações sobre Recursos Hídricos em sua área de atuação;
VII - celebrar convênios e contratar financiamentos e serviços para a execução de suas competências;
VIII - elaborar a sua proposta orçamentária e submetê-la à apreciação do respectivo ou respectivos Comitês de Bacia Hidrográfica;
IX - promover os estudos necessários para a gestão dos recursos hídricos em sua área de atuação;
X - elaborar o Plano de Recursos Hídricos para apreciação do respectivo Comitê de Bacia Hidrográfica;
XI - propor ao respectivo ou respectivos Comitês de Bacia Hidrográfica:
a) o enquadramento dos corpos de água nas classes de uso, para encaminhamento ao respectivo Conselho Nacional ou Conselhos Estaduais de Recursos Hídricos, de acordo com o domínio destes;
b) os valores a serem cobrados pelo uso de recursos hídricos;
c) o plano de aplicação dos recursos arrecadados com a cobrança pelo uso de recursos hídricos;
d) o rateio de custo das obras de uso múltiplo, de interesse comum ou coletivo.

CAPÍTULO V
DA SECRETARIA EXECUTIVA DO CONSELHO NACIONAL DE RECURSOS HÍDRICOS

Art. 45. A Secretaria Executiva do Conselho Nacional de Recursos Hídricos será exercida pelo órgão integrante da estrutura do Ministério do Meio Ambiente, dos Recursos Hídricos e da Amazônia Legal, responsável pela gestão dos recursos hídricos.
Art. 46. Compete à Secretaria Executiva do Conselho Nacional de Recursos Hídricos:
I - prestar apoio administrativo, técnico e financeiro ao Conselho Nacional de Recursos Hídricos;

II - coordenar a elaboração do Plano Nacional de Recursos Hídricos e encaminhá-lo à aprovação do Conselho Nacional de Recursos Hídricos;

III - instruir os expedientes provenientes dos Conselhos Estaduais de Recursos Hídricos e dos Comitês de Bacia Hidrográfica;

IV - coordenar o Sistema de Informações sobre Recursos Hídricos;

V - elaborar seu programa de trabalho e respectiva proposta orçamentária anual e submetê-los à aprovação do Conselho Nacional de Recursos Hídricos.

CAPÍTULO VI
DAS ORGANIZAÇÕES CIVIS DE RECURSOS HÍDRICOS

Art. 47. São consideradas, para os efeitos desta Lei, organizações civis de recursos hídricos:

I - consórcios e associações intermunicipais de bacias hidrográficas;

II - associações regionais, locais ou setoriais de usuários de recursos hídricos;

III - organizações técnicas e de ensino e pesquisa com interesse na área de recursos hídricos;

IV - organizações não-governamentais com objetivos de defesa de interesses difusos e coletivos da sociedade;

V - outras organizações reconhecidas pelo Conselho Nacional ou pelos Conselhos Estaduais de Recursos Hídricos.

Art. 48. Para integrar o Sistema Nacional de Recursos Hídricos, as organizações civis de recursos hídricos devem ser legalmente constituídas.

TÍTULO III
DAS INFRAÇÕES E PENALIDADES

Art. 49. Constitui infração das normas de utilização de recursos hídricos superficiais ou subterrâneos:

I - derivar ou utilizar recursos hídricos para qualquer finalidade, sem a respectiva outorga de direito de uso;

II - iniciar a implantação ou implantar empreendimento relacionado com a derivação ou a utilização de recursos hídricos, superficiais ou subterrâneos, que implique alterações no regime, quantidade ou qualidade dos mesmos, sem autorização dos órgãos ou entidades competentes;

III - (VETADO)

IV - utilizar-se dos recursos hídricos ou executar obras ou serviços relacionados com os mesmos em desacordo com as condições estabelecidas na outorga;

V - perfurar poços para extração de água subterrânea ou operá-los sem a devida autorização;

VI - fraudar as medições dos volumes de água utilizados ou declarar valores diferentes dos medidos;

VII - infringir normas estabelecidas no regulamento desta Lei e nos regulamentos administrativos, compreendendo instruções e procedimentos fixados pelos órgãos ou entidades competentes;

VIII - obstar ou dificultar a ação fiscalizadora das autoridades competentes no exercício de suas funções.

Art. 50. Por infração de qualquer disposição legal ou regulamentar referentes à execução de obras e serviços hidráulicos, derivação ou utilização de recursos hídricos de domínio ou administração da União, ou pelo não atendimento das solicitações feitas, o infrator, a critério da autoridade competente, ficará sujeito as seguintes penalidades, independentemente de sua ordem de enumeração:

I - advertência por escrito, na qual serão estabelecidos prazos para correção das irregularidades;

II - multa, simples ou diária, proporcional à gravidade da infração, de R$ 100,00 (cem reais) a R$ 10.000,00 (dez mil reais);

III - embargo provisório, por prazo determinado, para execução de serviços e obras necessárias ao efetivo cumprimento das condições de outorga ou para o cumprimento de normas referentes ao uso, controle, conservação e proteção dos recursos hídricos;

IV - embargo definitivo, com revogação da outorga, se for o caso, para repor *incontinenti*, no seu antigo estado, os recursos hídricos, leitos e margens, nos termos dos arts. 58 e 59 do Código de Águas ou tamponar os poços de extração de água subterrânea.

§ 1º Sempre que da infração cometida resultar prejuízo a serviço público de abastecimento de água, riscos à saúde ou à vida, perecimento de bens ou animais, ou prejuízos de qualquer natureza a terceiros, a multa a ser aplicada nunca será inferior à metade do valor máximo cominado em abstrato.

§ 2º No caso dos incisos III e IV, independentemente da pena de multa, serão cobradas do infrator as despesas em que incorrer a Administração para tornar efetivas as medidas previstas nos citados incisos, na forma dos arts. 36, 53, 56 e 58 do Código de Águas, sem prejuízo de responder pela indenização dos danos a que der causa.

§ 3º Da aplicação das sanções previstas neste título caberá recurso à autoridade administrativa competente, nos termos do regulamento.

§ 4º Em caso de reincidência, a multa será aplicada em dobro.

TÍTULO IV
DAS DISPOSIÇÕES GERAIS E TRANSITÓRIAS

Art. 51. Os consórcios e associações intermunicipais de bacias hidrográficas mencionados no art. 47 poderão receber delegação do Conselho Nacional ou dos Conselhos Estaduais de Recursos Hídricos, por prazo determinado, para o exercício de funções de competência das Agências de Água, enquanto esses organismos não estiverem constituídos.

Art. 52. Enquanto não estiver aprovado e regulamentado o Plano Nacional de Recursos Hídricos, a utilização dos potenciais hidráulicos para fins de geração de energia elétrica continuará subordinada à disciplina da legislação setorial específica.

Art. 53. O Poder Executivo, no prazo de cento e vinte dias a partir da publicação desta Lei, encaminhará ao Congresso Nacional projeto de lei dispondo sobre a criação das Agências de Água.

Art. 54. O art. 1º da Lei nº 8.001, de 13 de março de 1990, passa a vigorar com a seguinte redação:

"Art 1º (...)

III - quatro inteiros e quatro décimos por cento à Secretaria de Recursos Hídricos do Ministério do Meio Ambiente, dos Recursos Hídricos e da Amazônia Legal;

IV - três inteiros e seis décimos por cento ao Departamento Nacional de Águas e Energia Elétrica - DNAEE, do Ministério de Minas e Energia;

V - dois por cento ao Ministério da Ciência e Tecnologia.

(...)

§ 4º A cota destinada à Secretaria de Recursos Hídricos do Ministério do Meio Ambiente, dos Recursos Hídricos e da Amazônia Legal será empregada na implementação da Política Nacional de Recursos Hídricos e do Sistema Nacional de Gerenciamento de Recursos Hídricos e na gestão da rede hidrometeorológica nacional.

§ 5º A cota destinada ao DNAEE será empregada na operação e expansão de sua rede hidrometeorológica, no estudo dos recursos hídricos e em serviços relacionados ao aproveitamento da energia hidráulica."

Parágrafo único. Os novos percentuais definidos no *caput* deste artigo entrarão em vigor no prazo de cento e oitenta dias contados a partir da data de publicação desta Lei.

Art. 55. O Poder Executivo Federal regulamentará esta Lei no prazo de cento e oitenta dias, contados da data de sua publicação.

Art. 56. Esta Lei entra em vigor na data de sua publicação.

Art. 57. Revogam-se as disposições em contrário.

Brasília, 8 de janeiro de 1997; 176º da Independência e 109º da República.

FERNANDO HENRIQUE CARDOSO
Gustavo Krause